DIEU N'Y PEUT RIEN

BERTRAND RÉVILLION

DIEU N'Y PEUT RIEN

Tempête en Chartreuse

Roman

LES ÉDITIONS DU CERF
www.editionsducerf.fr
PARIS

www.editionsducerf.fr
24, rue des Tanneries
75013 Paris

ISBN 978-2-204-10265-0

À D. M.
qui a ouvert la porte.

À Madeleine Cinquin,
dite sœur Emmanuelle,
sacrée bonne sœur !

Je parlerai pour pouvoir respirer.
Job 31, 17

Ce Dieu des profondeurs, comment être sûr de ne pas l'inventer pour son propre bonheur ?
JEAN SULIVAN.

– 1 –

La neige avait pris dans son étau les marches du parvis. Plusieurs vigoureux coups de pelle finirent par ouvrir un étroit passage. En tournant, la clef fit résonner la voûte endormie. Paul pesa de tout son poids sur le battant de chêne. Il fallut une franche pression de l'épaule pour libérer le vantail.

Grincement de gonds.

Crissement de neige.

Odeur de cave.

L'humidité glaciale lui fouetta le visage et le sortit de la torpeur hypnotique dans laquelle l'avaient plongé les quelque six cents kilomètres avalés d'une traite.

Étrangement esseulée dans l'ombre, surplombant l'autel latéral et son saint Joseph délavé, la frêle veilleuse lui sembla presque incongrue. Comme si, en partant, le dernier visiteur avait oublié d'éteindre ; ou pas osé interrompre la loupiote du Bon Dieu.

Reprendre souffle, se poser un instant, respecter, sans bien savoir pourquoi ni pour qui, le feu rouge du tabernacle.

Paul se tassa. Après avoir transpiré pour débloquer l'accès de la petite église blottie au pied de la falaise crayeuse du Pas Dinay, il avait froid.

Sur l'autoroute, il avait tout fait pour ne pas penser, les doigts crispés sur le volant, l'esprit ensuqué, les reins brisés. Plein le dos.

En rejoignant le hameau isolé, il avait dû, après l'encorbellement vertigineux et le tunnel du Frou, s'arrêter dans la côte, près de l'ancienne scierie, s'agenouiller dans une neige lourde et collante pour mettre les chaînes. Son vieux break renâclait à grimper et dérapait dangereusement à chaque virage.

Il avait fini par arriver et avait laissé la voiture à l'entrée du chemin envahi par les congères. Juste à l'aplomb de la croix sur le socle de laquelle on pouvait encore déchiffrer : « Mission de 1880 ».

La tension accumulée commençait à se relâcher. Ici, au moins, il n'y avait ni à faire bonne figure ni à se battre. Ou alors seulement contre la neige, le froid et cette solitude qu'il avait délibérément recherchée et qui, pourtant, lui faisait peur.

Oublier Paris, la fébrilité anxieuse de la rédaction et les tensions mesquines de ces derniers jours. Les trahisons peu glorieuses, si vite applaudies par la médiocre cohorte des courtisans et des ambitieux, parmi lesquels, naïf, il croyait hier encore compter quelques amis.

« Adieu le bal des faux-culs ! » murmura Paul, surpris par l'écho caverneux de sa voix qui acheva de se perdre sous la voûte.

Oui, oublier Paris, les embouteillages, sur l'autoroute et dans le cœur.

– 2 –

Paul, jusque-là resté debout, résolut de s'asseoir, mais au dernier rang, au plus près de la porte, prêt à… fuir. C'était toujours ainsi lorsqu'il entrait dans une église : un mélange de fascination et de secrète inquiétude. Est-ce parce que les églises sont désespérément vides ou parce qu'elles sont mystérieusement habitées, qu'il était ainsi submergé d'une peur aussi brutale qu'archaïque ? Il l'ignorait.

Paul avait renoncé à savoir quoi que ce soit des choses de la foi. Il ne se sentait ni croyant ni franchement incroyant. « Je suis un mécréant mystique », confiait-il, bravache, tant il avait conscience qu'avec l'éternité, les hommes se comportent la plupart du temps comme des faussaires, affirmant et proclamant plus qu'ils ne croient, professant une foi qu'ils se convainquent d'avoir alors qu'elle leur glisse entre les doigts de l'âme.

À portée de main sur sa table de chevet, un livre de poche écorné montait la garde depuis ses années d'étudiant en philosophie à la Sorbonne. Le titre, à lui seul, était une sorte de miroir pour Paul : *La pesanteur et la grâce*. Écrits de braises rédigés sur des cahiers d'écolier par la philosophe Simone Weil qui longtemps resta sur le rebord de la foi. « Dieu ne peut être présent dans sa création que sous la forme de l'absence », écrivait-elle avec cette réjouissante façon de ne pas rejeter, soupçonneuse, le doute à la périphérie de la foi mais de s'en faire au contraire un précieux allié. Dieu s'ennuie de nos certitudes.

Lorsqu'on lui demandait s'il était croyant – la question, longtemps taboue, faisait désormais le bonheur des rubriques psy des magazines branchés –, Paul s'en sortait par une pirouette : « Je crois croire ! » Laissant ainsi planer le doute, rétif à toute forme d'enrôlement.

« On n'a pas la foi, pensait-il. C'est elle qui parfois nous possède. Elle qui, dans un couloir sombre ou une terrasse lumineuse de nos vies bouleversées, vient, comme un impérieux amant, nous prendre dans sa fulgurante étreinte. »

La foi de Paul ressemblait à ces rivières souterraines qu'il rencontrait l'été, dans la nuit noire des gouffres – nombreux dans cette région calcaire –, en faisant de la spéléo avec ses enfants. L'eau claire de l'Esprit coulait peut-être en lui, mais, la plupart du temps, hors de sa conscience, au plus profond des galeries de son âme chiffonnée et inquiète. Seules quelques résurgences affleuraient parfois à raz de terre, à fleur de cœur, comme une source provisoire. Quelques secondes de grâce sur des tombereaux de glèbe épaisse et lourde.

Dans l'obscurité, il retira les gants crasseux qu'il avait enfilés pour fixer les chaînes sur les pneus de la voiture et laissa ses doigts engourdis caresser le banc. Paul aimait la douceur sensuelle du bois. Sa paume frôla le mélèze. Il songea à Mathilde, restée à Paris avec les enfants. À sa main sur la peau chaude et douce de Mathilde. À ses doigts fébriles sur le sein de Mathilde qu'un après-midi de sieste gourmande il avait effleuré, brusquement figé, interdit, la main en arrêt sur une boule étrange, comme un nœud sous l'écorce, comme une écharde sous la peau.

La sieste avait brusquement changé de nudité. Il avait fallu entrer, en urgence, pour des heures grises et des jours blafards, dans l'impudeur des hôpitaux où les poitrines nues des femmes n'affolent que les appareils de radiographie et les bilans sanguins.

C'est la vie qu'il fallait sauver sans attendre dans ce nauséeux service de cancérologie dont, triste ironie du sort, les fenêtres donnent sur la maternité voisine où Mathilde avait, au temps des joies insouciantes, sa main soudée à celle de Paul, mis au monde leurs enfants ; là où Mathilde avait, pour la première fois de son histoire de femme, épuisée, émue et radieuse, vu perler son propre lait, alors que Paul pleurait de joie à ses côtés. En riant, Mathilde l'avait laissé goûter à cette source mystérieuse que le hasard, la génétique, la vie et ses blessures – qui sait ? – avaient, des années plus tard, empoisonnée. De longs mois de combat, entre chien et loup, entre doute acide et fol espoir, pour finalement sauver ce sein qu'un crabe fringaleux avait failli bouffer sans vergogne ; tant de jours et de mois d'une lutte acharnée pour s'entendre dire que, peut-être, la bataille était en passe d'être gagnée.

« *Tes deux seins ressemblent à deux faons, jumeaux d'une gazelle* », chantait avec langueur le Cantique des cantiques, cet étrange poème biblique qui mêle de façon si troublante mystique et sensualité. Paul aimait ce texte qu'avec Mathilde ils avaient choisi vingt-huit ans plus tôt pour leur mariage, bataillant avec le curé de la paroisse de Touraine qui le trouvait impudique. Depuis, ce poème était devenu *leur* poème dont ils se récitaient par cœur des passages, brisant dans l'allégresse des corps et des âmes, toute frontière entre volupté et prière.

« *Que tes caresses ont de charme, ma sœur, ma fiancée ! Que tes seins soient pour moi comme les grappes de la vigne…* »

– 3 –

Le froid sortit Paul de sa rêverie et le ramena sans ménagement dans la solitude de cette petite église de Chartreuse, sur ce vieux banc dur et mal équarri.

L'histoire – ou la légende ? – raconte que ce sont les moines qui façonnèrent la vingtaine de bancs qui s'alignent là, que les villageois de l'époque les auraient soustraits, une nuit de pleine lune, à la spoliation d'un État laïcard qui, un funeste 29 avril 1903 au matin, envoya l'armée pour chasser, sous la huée, les Pères du grand cloître. Une fois sa besogne accomplie, l'officier en charge de l'expulsion, avait, toute honte bue, brisé son sabre et démissionné.

Tandis que d'autres se chargeaient de planquer les fûts du fameux « Élixir de santé », précieuse liqueur qui, plus tard, ferait la renommée du monastère, quelques paysans-bûcherons s'étaient mis en tête de sauver les bancs. Pourquoi les bancs ? Parce que croire suppose sans doute de commencer par s'asseoir. L'assise avant l'exode... Harassant périple à dos de mules, par-delà le col de La Ruchère qui domine l'immense monastère. Solidarité virile des montagnards de l'époque pour qui la foi était aussi affaire de muscle et de sueur.

Paul souffla. Son haleine expédia une buée cotonneuse dans l'air glacé. « Pas de rendez-vous, ni de réunion. Pas d'article, pas d'interview, pas d'édito à écrire... » Il fit un rapide calcul et ajouta, en se massant la tempe : « Cela n'a pas dû m'arriver depuis trente ans ! »

Dès la Porte d'Orléans, il avait coupé son téléphone et sa logorrhéique machine à messages. Il avait prévenu Mathilde, qui savait l'absolue nécessité pour son mari de se mettre, pour quelques heures, quelques jours, aux abonnés absents. Cette fois, l'escale serait plus longue.

Mathilde allait mieux, elle était même – étrange expression – en rémission. Comme si ce maudit cancer était une sorte de péché dont il aurait fallu coûteusement moudre le grain sous la pierre du grand moulin de l'absolution. Comme si le long chapelet fielleux des métastases pouvait mener à une sorte de rédemption autant païenne qu'archaïque.

Au moment de boucler sa valise, Paul avait hésité. Il se sentait coupable de laisser sa femme qu'il avait pris l'habitude de protéger. Trop, sans doute. Mathilde finit par le virer : « Fiche le camp et profites-en ! » Elle n'osait pas l'avouer, mais elle aussi avait besoin de ces pauses de solitude pour récupérer après la tornade des dernières semaines. Chaque soir, Paul rentrait un peu plus brisé du journal. Il parlait, parlait encore, la gorge serrée, luttant contre les larmes. Mathilde l'écoutait avec patience, désemparée par la douleur de son mari. Inquiète devant ce goût de vivre qui semblait s'échapper comme le sang d'une mauvaise blessure.

Demain, il rallumerait le téléphone, prendrait des nouvelles, en profiterait pour écouter un répondeur soudain muet. Absence de réseau avec les collègues d'hier. La ligne mettrait longtemps à se rétablir, et seulement avec l'infime carré des fidèles. Certains n'oseraient pas décrocher leur portable ni même se fendre d'un mot, sans doute gênés : « Que lui dire ? » D'autres lui en voudraient de n'avoir pas su, pas pu, peut-être pas voulu, éviter la rupture. D'autres enfin choisiraient, sans état d'âme, d'effacer d'un revers de manche le patron qu'il avait été pour eux pendant quinze ans, dans ce factice jeu de rôle qu'impose l'entreprise.

Si Paul se plaisait à animer l'équipe de rédaction, il n'avait en revanche jamais aimé jouer au chef et se fichait des postures hiérarchiques. Désinvolture qui jouerait contre lui lorsque la direction finirait par le lâcher.

– 4 –

La rugosité du mélèze réveilla son lancinant mal de dos. « Pas question de rester dix minutes de plus dans ce frigo ! » murmura Paul. En contrebas de l'église, le chalet attendait qu'on vienne le réchauffer, qu'on charge de bûches de fayards – c'est ainsi qu'on nomme ici les grands hêtres – le Godin du salon, qu'on alimente de boulets noirs le vieux fourneau de la cuisine. Un peu de vie dans les veines de la vieille bâtisse emmurée dans sa solitude depuis les dernières vacances de Toussaint.

À l'époque, Paul commençait à pressentir ce qui, déjà, se fomentait en coulisse, sans trop y croire. « Ils n'oseront pas. » L'édito qu'il avait consacré à la situation d'exclusion – scandaleusement indigne à ses yeux – dans laquelle l'Église laisse les divorcés qui, après l'échec d'un premier couple, choisissent de se remarier, avait été la goutte d'eau de trop. Paul avait vertement critiqué l'inflexibilité romaine qui, dans une énième mise au point tentait, au nom même de l'Évangile, de justifier l'injustifiable. Très en verve, avec ce mélange d'habileté et de roublardise qui faisait ce talent que beaucoup lui enviaient et redoutaient tout à la fois, il avait su trouver les mots qui font mouche.

« *Ainsi donc, dans cette Église où Jésus se fit l'ami des putes et des taulards, quelques vieillards mitrés, bien à l'abri de la blessure du monde sous les plafonds dorés de la cité vaticane, continuent de s'arroger le droit de condamner sans appel celles et ceux d'entre nous qui se prennent les pieds dans le tapis de l'amour ! Ainsi donc, les estropiés du cœur, les couples en fin de droits, tous les sans-papiers de la conjugalité brisée continueront, au nom de la sainte doctrine, de faire ceinture devant la table eucharistique ! Alléluia, pauvres pécheurs : laissez-vous donc une fois encore pieusement reconduire à la frontière, restez donc sagement prisonniers de nos centres de rétention du pardon et reprenez une fois encore la porte sainte de Pierre dans les gencives !*

N'ayez pas, chers frères et sœurs, après le tsunami d'un désamour, l'outrecuidance de vous remettre à aimer. Car ce péché concupiscent [ah, ce mot !] *vous éloignerait définitivement des deux îles, auxquelles pourtant, vous auriez le plus urgemment besoin d'accoster : l'autel et le confessionnal ! »*

Brillant, assassin et ne s'encombrant pas de nuances, son réquisitoire avait aussitôt suscité une avalanche de courrier. Paul entendait Solenn, sa fidèle assistante – personnellement concernée par le sujet – réagir à chaque ouverture d'enveloppe. Elle faisait partager, par-delà la cloison de l'*open space*, sa satisfaction lorsque les missives – « de loin les plus nombreuses », affirmait-elle dans une suspecte objectivité – félicitaient son patron. « Ah, le con ! Ah, la peste ! » s'exclamait-elle – heureusement moins souvent – lorsque le correspondant demandait, sans autre forme de procès, qu'on mette sur le billot la tête de ce rédacteur en chef « laxiste, fossoyeur du catholicisme de toujours », probablement « socialiste », peut-être même « franc-maçon », et sans doute – horreur ! – « secrètement favorable au mariage gay »…

Elle sortait de ses gonds lorsque ces « pères la vertu » ou ces « mères casse couilles » annonçaient, suprême argument en fin de leurs torchons, leur intention de transmettre, selon une habitude de délation hélas bien ancrée chez les bons catholiques, leur courroux directement à Rome. « Eh bien ! vas-y, pauvre con de cul serré, cours donc vomir ton venin sur les guêtres blanches des gardes suisses. Et leur hallebarde, tu sais où tu peux te la mettre, leur hallebarde ? » lançait-elle à la criée, laissant Paul pantois devant la puissance évocatrice de ses expressions aussi fleuries qu'imagées.

Derrière les cloisons à mi-hauteur, les journalistes piquaient du nez et plongeaient, au rythme des bons mots de l'assistante, dans la plus incontrôlable hilarité. Seul Fabien, l'adjoint de Paul, semblait rire jaune, visiblement mal à l'aise qu'on applique à l'Église ce langage de carabins et de corps de garde.

Paul riait lui aussi de bon cœur et, en fin patron de presse, accueillait avec la même gourmandise les lauriers et les engueulades, se frottant déjà les mains à la perspective de publier les meilleures perles en page « Courrier des lecteurs », l'une des plus lues du journal. Voilà qui était bon pour l'audience. Son hebdomadaire ferait une fois encore l'actualité dans un paysage de presse catholique française devenu atone, où la seule ligne éditoriale semblait devoir désormais se résumer à un triste « pas de vague » et « ne fâchons pas les lecteurs qui nous restent ». Comme si l'état de déliquescence avancée de l'institution ecclésiale empêchait désormais tout débat et toute critique.

– 5 –

Paul se rendit compte qu'une fois encore il avait décroché, happé par ce mauvais film qui, de façon obsessionnelle, le ramenait aux dernières quarante-huit heures. Il en avait pourtant bel et bien fini avec la marmite bouillonnante de ce grand hebdomadaire catholique qui, pendant près de quinze ans, avait été sa passion. Il était comme une épave après une tornade, essoré par les vagues déferlantes de l'ingratitude, échoué, à six cents kilomètres de Paris, à mille mètres d'altitude, dans l'obscurité drue d'une église croulante sous la neige, au bout d'une route qui, comme sa vie, ne semblait mener qu'à l'impasse d'un cul de vallée.

« Qu'est-ce qui m'a pris de venir m'enterrer dans ce trou ? » se dit-il, laissant, une fraction de seconde, se dessiner l'hypothèse d'un retour immédiat vers la capitale. En roulant bien, il pourrait embrasser Mathilde avant le petit-déjeuner. Mais l'épuisement eut tôt fait de tordre le cou à cette tentation.

Paul s'accorda encore quelques instants. Esquisse d'une prière mutique : rien à dire, tout à entendre. À condition que l'Autre, là-haut, le Grand Silencieux, daigne venir murmurer une bribe de son secret à l'oreille engourdie de l'âme chagrine de ce visiteur tardif, plaintif et, pour l'heure, comme le vieux Job, assez franchement incrédule. « *Je crie vers Toi et tu ne réponds pas ; je me présente sans que tu me remarques.* »

Du haut de sa statue de plâtre bouffée au salpêtre, saint Bruno semblait le surveiller du coin de l'œil. Voilà près de dix siècles que le maître avait quitté Reims pour venir s'installer, avec quelques compagnons, de l'autre côté du col, à trois bonnes heures de marche, dans le tréfonds obscur d'une étroite vallée goinfrée d'arbres gigantesques, de solitude effarante et de silence assourdissant.

Guidés par Hugues, alors jeune évêque de Grenoble, les six compagnons de Bruno avaient construit leur fol îlot de prière entre deux vallées encaissées : celle du Guiers mort – la plus sombre – et celle du Guiers vif. Comme si Dieu ne se laissait chercher qu'entre deux rives, comme si, pour l'approcher, il fallait continuellement naviguer entre deux eaux, ballotté par des courants contraires. C'est entre deux berges, au gué du Yabboq, que Jacob lutte toute une nuit avec l'Ange.

Un verset du Deutéronome traversa la mémoire fatiguée de Paul : « *Vois : je mets aujourd'hui devant toi la vie et le bonheur, la mort et le malheur. Tu choisiras la vie pour que tu vives, toi et ta descendance.* »

Paul aimait la Bible. Le Livre était pour lui une formidable source poétique, un puissant jardin de symboles, un écheveau de chemins obscurs ou grandioses par lesquels tant d'hommes et de femmes, depuis des millénaires, tentaient de tracer la route. On y trouvait tout : amour, rage, colère, crime, parricide, joie, sexe, vengeance, trahison, pardon, inceste, décapitation… En cherchant bien, on y trouvait peut-être Dieu lui-même, en embuscade derrière les passions humaines. Le texte le plus doux et le plus violent du monde que l'Église n'avait pas hésité à mettre longtemps à l'Index, interdisant, dès le concile de Trente, sa lecture en langue courante aux simples fidèles. Dieu fait peur, surtout aux curés.

« *Tu choisiras la vie…* » Paul continua de mâchouiller l'injonction d'Isaïe. Mais le froid mordant commençait à l'engourdir. L'oraison s'était vite essoufflée, comme un feu mal lancé : « J'ai la prière qui charbonne », se dit-il en jetant un dernier regard vers la Présence. Il songea que le locataire du tabernacle ne devait pas, lui non plus, avoir bien chaud dans son étroit garde-manger chapeauté de dentelles jaunies. Le pain blanchâtre de l'hostie devait être gonflé d'humidité. « Même l'éternité a, ce soir, comme un arrière-goût de moisi », se dit Paul en refermant la lourde porte de l'église.

– 6 –

La place était déserte. La commune avait installé, comme chaque année pour Noël, une dérisoire guirlande multicolore. Personne pour contempler ses systoles et diastoles souffreteuses. Cela faisait des années que la fête de la Nativité n'était plus célébrée dans ce hameau isolé du massif de Chartreuse. Quelques mois après avoir acheté la maison, Paul et Mathilde avaient tenté d'organiser une veillée le 24 décembre au soir, mais, malgré les affichettes punaisées chez les rares commerçants des villages alentours, personne n'était venu ; la vieille chaudière de l'église avait été remise en route pour rien ; ils n'arrivaient désormais qu'après les fêtes.

Paul contourna l'église et s'engagea dans la pente. Il fit précautionneusement sa trace. La lampe de poche était restée dans le break. Juste un croissant de lune planqué derrière un nuage pour avancer à tâtons. L'ombre massive du chalet apparu. Sur sa gauche, dans son oratoire de pierre, telle une sentinelle plantée sur une mer de neige, la Vierge semblait attendre le visiteur.

« Alors, toujours aussi moche ? » C'était devenu un rite : chaque fois qu'il revenait au chalet, Paul lançait sa question moqueuse en direction de la guérite où une vilaine réplique de la Très Sainte Vierge de Lourdes en stuc et en toc achevait de perdre ses couleurs. Depuis qu'ils avaient repris la vieille maison, Paul et Mathilde faisaient le même diagnostic : cette statue était une offense au bon goût et un vrai défi à la foi chrétienne ! Mais autant Mathilde aurait volontiers pulvérisé la madone et utilisé les fragments de plâtre pour combler les ornières du chemin, autant Paul tenait à respecter les villageois, qui, du temps où le chalet était tenu par les sœurs, s'étaient associés qui pour bâtir les murs de l'oratoire, qui pour le chapeauter de tuiles, qui enfin pour y installer l'objet du saint délit. Paul, sournois, espérait qu'un gel à pierre fendre signe, une nuit de pleine lune, l'arrêt de mort naturelle de la dame… *ad majorem dei gloriam* ! Pour l'heure, le crime se faisait attendre.

Un nouveau coup d'épaule et la porte du chalet s'ouvrit. Paul jeta un dernier regard vers la clairière. Le nuage avait disparu. La lune faisait scintiller l'espace glacé. Étrange impression, presque oppressante, d'accoster aux rives d'un immense désert de neige, de solitude et de mutisme. Paul entra, enclencha le disjoncteur et referma sur lui la porte.

– 7 –

Fabien frappa discrètement, ce qui ne servait pas à grand-chose puisque Paul travaillait porte ouverte. Son bureau – son poste hiérarchique lui avait permis d'échapper à la stabulation libre de l'*open space* – sentait le vieux papier et la pipe froide. Paul avait débranché en douce le détecteur de fumée et bravait l'interdiction de tirer sur son brûle-gueule. L'antre du rédacteur en chef était un capharnaüm invraisemblable où les piles de bouquins reçus en service de presse atteignaient des hauteurs inquiétantes. Sur les murs, des dizaines de photos souvenirs immortalisant les rencontres que le journaliste avait eues avec comédiens, écrivains, artistes, responsables politiques ou religieux, philosophes, scientifiques… Quantité d'inconnus aussi : moines, ermites, bergers… Quelques dessins de Sempé où d'adorables bigotes et autres grenouilles de bénitier étaient gentiment croquées dans un décor pieux et rococo à souhait. Des lettres, punaisées à même la cloison, dont l'en-tête prestigieux et la signature célèbre attiraient le regard et révélait le caractère flagorneur du patron qui jouissait d'un impressionnant carnet d'adresses. Des notes de service émanant de la direction que Paul, facétieux, avait détournées et agrémentées de commentaires espiègles ou vachards, selon l'humeur du moment.

Et, scotchée à la lampe de bureau, cette citation de Bernanos dont Paul ne se séparait jamais : « Le Verbe s'est fait chair, et les journalistes de ce temps-là n'en ont rien su. » Chaque matin, son regard accrochait cet extrait du *Journal d'un curé de campagne*, manière pour Paul de se rappeler l'extrême vanité de ce métier de journaleux et de pisse-copie qu'il adorait.

Son adjoint était râblé, timide, intelligent, cultivé, bosseur et fidèle. Malgré un CV homéopathique, Paul l'avait embauché cinq ans plus tôt, impressionné par sa culture biblique et séduit par son extrême gentillesse. Il lui avait patiemment appris le métier sans cependant réussir à dérider tout à fait ce garçon timoré et désespérément sérieux.

– J'ai lu ton édito…

– Alors ?

– Ben, pour être franc…

– Vas-y, lâche-toi ! Qu'est-ce qui ne va pas ?

– Tu n'as pas l'impression de pousser le bouchon un peu loin ?

– Quoi ? Tu n'es pas d'accord avec ce que j'écris ?

– Si, bien sûr… sur le fond. Mais tu as une manière un peu trop provocante de dire les choses. Cela va sérieusement tanguer si tu publies ce texte. À ta place, je ménagerai un peu l'Église qui ne peut pas faire la révolution en un jour. Certains lecteurs vont grincer des dents, voire se désabonner. Et tu ne vas pas redorer ton blason auprès de la direction.

Paul s'agaça une fois encore du bon sens prudent de son adjoint :

– Mais ces hommes et ces femmes souffrent, Fabien ! Des centaines de divorcés crèvent de se voir ainsi interdire toute perspective par l'Église. La Commission doctrinale elle-même s'est prononcée en faveur d'une timide ouverture. Cette nouvelle reculade est incompréhensible, suicidaire. Le Vatican nous refait le coup de l'interdiction de la pilule : on a vu les conséquences désastreuses d'*Humanae vitae.* Des wagons entiers de catholiques ont pris leur distance avec l'Église, sur l'air de « cause toujours... » La fracture ne s'est jamais refermée. Une morale, pour être crédible, doit être vivable ; tout simplement vivable ! À mettre la barre trop haut, on prive les gens d'espérance. Si un journal comme le nôtre ne se fait pas le porte-voix des croyants qui n'en peuvent plus, qui le fera ? Ils vont se tirer les uns après les autres.

– Tu sais bien, Paul, que le Vatican est obnubilé par sa tentative de ramener les intégristes au bercail. Il ne peut pas, au même moment, ouvrir le dossier des divorcés remariés. Écône le prendrait comme une provocation…

– Mais on se contrefout d'Écône, Fabien ! Cela fait des années que le pape leur tend la main et n'a droit, en retour, qu'à un méchant bras d'honneur. À quoi bon rester patient avec des gens qui vous crachent à la gueule et qui jamais ne digéreront le Concile ? Que pèse le retour de quelques nostalgiques psychorigides, anti-œcuméniques, farouches opposants à la liberté religieuse et, qui plus est, souvent acoquinés à l'extrême droite, face à tant d'hommes et de femmes qui souffrent devant l'absence de mansuétude de l'Église ?

Fabien hocha de la tête, hésita à argumenter et à faire la liste des avancées, certes modestes mais pourtant bien réelles, opérées sous l'actuel pontificat. Une fois encore, il était partagé entre l'admiration qu'il éprouvait pour son patron qui ne manquait ni de courage ni de panache et l'énervement que suscitait en lui la fréquentation d'une personnalité si entière, provocatrice, imprévisible et pour tout dire, souvent agaçante. Il était payé – plutôt mal ! – pour le savoir...

Il renonça à débattre et sortit, persuadé qu'une fois encore Paul n'en ferait qu'à sa tête.

La veille, les services de communication de l'épiscopat français avaient expédié, par mail et sous embargo, une instruction signée de la main même du pape. Depuis des mois, au Vatican, un groupe international de théologiens tentait de trouver la voie d'un retour possible vers les sacrements des divorcés qui choisissaient de se remarier. Bon nombre de moralistes annonçaient une possible ouverture. Une solution à l'orthodoxe où celles et ceux qui, après un mariage à l'Église avaient divorcé puis retrouvé un nouvel amour, pourraient, à certaines conditions, accéder à nouveau au sacrement de réconciliation puis à la table eucharistique. Las ! le Pontife, talonné par les cardinaux les plus conservateurs, avait tranché, et pas dans le bon sens.

À la lecture du document, Paul avait bondi. Le texte romain continuait de qualifier les divorcés remariés de pécheurs publics en situation « d'adultère permanent »... « Et le pardon, nom de Dieu ? », avait-il gueulé, dépité, contraint de remballer le numéro spécial sur lequel planchait toute l'équipe depuis des semaines. Même la Une était prête qui, saluant l'ouverture tant attendue, titrait sobrement : « ENFIN ! »

Ce coup de frein allait créer une onde de choc énorme dans une Église déjà secouée par de nombreuses affaires. Plus personne ne comprenait pourquoi le remariage était encore considéré par l'Église catholique romaine comme l'un des rares péchés totalement impardonnables. Et ceci, quelles que soient les causes de la séparation, les responsabilités de l'un ou de l'autre. Le divorcé qui s'engageait dans une nouvelle union civile se voyait interdire définitivement l'accès aux sacrements. À commencer par le sacrement de réconciliation. Par ricochet, ce refus de pardon fermait l'accès à la communion eucharistique. Pis encore : un divorcé remarié qui découvrait la foi et se convertissait au christianisme se voyait interdire l'accès au baptême ! « Mais où donc est la fidélité à l'Évangile ? », tempêtait Paul.

L'Église catholique traînait cette question comme un boulet depuis des années. En privé, lors des déjeuners *off* que Paul organisait avec l'Association œcuménique des journalistes chrétiens (AOJC) dont il était président, des évêques – souvent concernés par la question dans leur propre famille – exprimaient de plus en plus ouvertement le souhait que le Vatican sorte enfin du bois sur cet épineux dossier. Bon nombre d'entre eux avaient organisé des synodes consultatifs dans leur diocèse au cours desquels le peuple devait – en principe ! – être écouté. Ils avaient fait remonter cette attente forte et cette incompréhension récurrente. Chaque fois, après s'être fait claquer la règle doctrinale sur les doigts, leurs revendications avaient été classées sans suite et le rappel à l'ordre – oubliant les rêves de collégialité du concile Vatican II – avait été net et sans discussion possible : il était de la seule prérogative du pape de faire bouger les choses dans six mois, deux ans ou… trois siècles !

En attendant, on bricolait dans les paroisses. Si certains prêtres tenaient ferme l'interdiction sacramentelle, au risque de voir leurs ouailles claquer la porte, d'autres, accueillaient à la table de communion ces hommes et ces femmes qu'ils refusaient de condamner. Faute d'une évolution de la doctrine, on fermait les yeux sur les pratiques pastorales.

Au cours de la réunion de rédaction, l'iconographe, une petite brune jamais en retard d'une provoc, en avait rajouté une couche : « À Rome, tous cacochymes ! » Et, mimant un vieillard perclus de rhumatisme, elle s'était levée difficilement, en faisant grincer sa chaise, imitant la démarche hésitante de quelque *Monsignori* ou autre cardinal de Curie, sous les applaudissements nourris de l'équipe pliée en deux. La réunion était partie en vrille : le mariage des prêtres, la pédophilie, le préservatif, l'homophobie, la place des femmes, les scandales financiers de la banque du Vatican et même la vieille affaire Gaillot, tout y était passé.

Fabien avait tenté, sans grand succès, de calmer le jeu en rappelant le respect dû au Saint-Père qui, il avait raison, était un bon théologien, un homme fin et d'une grande bonté. Un être à la foi ardente et mystique, auteur de quelques encycliques lumineuses. Mais depuis qu'il avait fêté ses quatre-vingts ans, on sentait comme un flottement au Vatican. Les cardinaux en charge des dicastères – équivalents des ministères dans le gouvernement de l'Église – se tiraient allègrement dans les soutanes. Et les institutions catholiques les plus conservatrices – l'omniprésente et tentaculaire *Opus Dei* et, malgré l'épais scandale qui avait entouré leur fondateur, les toujours très influents Légionnaires du Christ – jouaient des coudes et rivalisaient d'intrigues pour empêcher toute évolution au nom du respect dû à une prétendue Tradition totalement congelée.

Cela sentait décidément la fin de règne. Il était temps que s'ouvre une ère nouvelle à Rome. Paul espérait, sans trop oser y croire, l'élection prochaine d'un nouveau pape venu d'un tout autre horizon, d'une autre culture, peut-être même d'un autre continent, qui, posant quelques gestes prophétiques en direction des pauvres et de tous les cabossés de l'existence, sortirait enfin l'Église de ses blocages antédiluviens et de son isolement suicidaire.

Ce jour viendrait. Peut-être plus tôt qu'il ne l'imaginait…

Au cœur du joyeux tohu-bohu de la défunte réunion de rédaction, Paul réfléchissait, partagé entre la tentation de faire le black-out sur l'oukase vaticane – après tout ce texte était tellement décalé que le meilleur service à rendre à l'Église n'était-il pas de n'y consacrer qu'une brève en bas de page ? – ou monter au créneau avec un édito incendiaire. Son tempérament batailleur le fit pencher vers la seconde hypothèse. C'était plus fort que lui :

il aimait jouer les trublions et savait, avec un art consommé de la provocation, assaisonner les cols romains d'une bonne dose de poil à gratter. Il y avait chez Paul un vrai côté sale gosse. Et puis cette image de journaliste courageux, intègre partant à l'assaut, tel Don Quichotte, des vermoulus moulins « vaticanesques », flattait un *ego* qu'il avait grand !

Paul se souvint de l'entretien annuel qu'il avait passé, trois semaines plus tôt, avec son supérieur hiérarchique. Un type droit, honnête, libre, qui passait une partie de ses week-ends et de ses soirées au service des Restos du Cœur.

« – Méfie-toi, lui avait d'entrée de jeu lancé Philippe, amical. La direction est à cran. Plusieurs de tes papiers ont, paraît-il, atterri sur le bureau du nonce.

– Ah, le *monstre* apostolique nous fait un coup de calcaire ? avait rétorqué Paul, jamais avare d'un bon mot.

– Arrête, Paul. Cette fois, c'est du sérieux. Je ne vais pas pouvoir te protéger indéfiniment. Fais-toi donc un peu oublier. Ne leur sers pas sur un plateau le motif de licenciement qu'ils cherchent à te coller sur le dos depuis des mois. »

Philippe avait raison. Il possédait ce sens politique qui faisait tant défaut à Paul. Leur tandem fonctionnait à merveille depuis des années. Tous deux étaient sur la même longueur d'onde : ils rêvaient d'une Église plus proche des pauvres, plus humble, moins suspicieuse, davantage à l'écoute des fragilités humaines, en dialogue lucide mais confiant avec une culture contemporaine qu'ils refusaient de diaboliser. Une Église moins hautaine, moins engoncée dans un cléricalisme dont le retour pesant n'augurait rien de bon. Une Église moins enfermée dans ces querelles catholico-catholiques qui sentaient le renfermé et dont le brûlot des questions liturgiques était le triste et récurrent parangon. Paul et Philippe étaient de la même génération et entretenaient une franche complicité. Philippe devait forcer son caractère lorsqu'il avait à jouer les patrons face à son fougueux collègue. Depuis des mois, il le défendait contre une direction frileuse et velléitaire, mise sous pression par quelques prélats atrabilaires relayant de prétendus agacements romains. Philippe sentait aussi, inquiet, son propre crédit diminuer. Le vent tournait. Il ne pourrait bientôt plus jouer les fusibles. Certaines nominations récentes dans l'organigramme marquaient un discret mais réel virage idéologique. L'alignement était en marche, les freluquets à la manœuvre…

– 8 –

Paul sortit péniblement de son sommeil, l'esprit assommé par le cocktail de somnifères et d'anxiolytiques que son toubib lui avait conseillé d'avaler. Ses nuits étaient agitées, peuplées de cauchemars violents et le réveil, pourtant difficile, sonnait comme une libération. Il avait eu froid malgré la grosse couette de plumes et le radiateur électrique poussé à fond. Le chalet était glacé. Il faudrait encore plusieurs heures pour que les vieux murs se réchauffent. Il enfila la veste de trappeur qu'il avait rapportée, quinze ans plus tôt, d'un reportage au Québec – dix jours mémorables en immersion totale chez les moines de la Trappe d'Oka –, et descendit, au radar, jusqu'à la cuisine.

Il restait des braises dans le fourneau et il lui suffit de lancer une poignée de pommes de pin pour raviver la flamme. Le café coula lentement dans la cafetière de faïence. Paul aimait s'entourer de vieux objets qu'il chinait dans les brocantes. Cela l'apaisait, calmait un peu l'appréhension qu'il ressentait devant ce matérialisme étouffant, cette course effrénée et usante, cette abyssale ère du vide, cette superficialité suicidaire d'une société sans racines ni mémoire qui avait, depuis longtemps, renoncé à savoir où elle allait.

Paul supportait la vie parisienne comme une contrainte pesante, bruyante et stressante, lui qui avait passé son enfance dans une cité des bords de Loire, non loin de Tours.

Il avait hérité de ses grands-parents paternels une horloge comtoise au cadran émaillé, et son premier geste, lorsqu'il revenait au chalet, était d'en remonter le mécanisme à la manivelle. Il aimait entendre le tic-tac du balancier de cuivre qui lui donnait l'illusion de ralentir un peu la course du temps.

À près de cinquante ans, Paul, les tempes et les cheveux grisonnants, commençait à voir l'horizon des possibles se restreindre. Ses deux derniers enfants s'apprêtaient à quitter le nid familial pour aller faire leurs études supérieures en province. Le grand pêle-mêle de photos que Mathilde avait accroché dans l'entrée de leur appartement lui serrait le cœur. Les enfants – immortalisés en maillot de bain sur la plage du Pouliguen ou sur des skis à Vallorcine – n'étaient plus vraiment des enfants, la vie était passée, vite, trop vite, sans que Paul prenne le temps de la goûter, dévoré par son métier, cette fringale de rencontres, cette créativité débordante qui l'entraînait à monter sans cesse de nouveaux coups médiatiques, ce besoin de réussir, de plaire à son public, d'enchaîner, gourmand et insatiable, en plus de la direction du journal, des activités d'éditorialiste à la radio et la télévision, de prouver – mais à qui ? – qu'il était capable d'y arriver.

Petit dernier tardif d'une fratrie de cinq, Paul avait passé ses jeunes années à tenter d'attirer le regard d'un père rugueux et taciturne qui ne s'intéressait que de loin à ce rejeton inattendu. Il ne fallait pas être fin psychologue pour décrypter dans ce besoin incessant qu'avait Paul de briller dans le regard des autres une revanche à prendre sur une enfance blessée, morne et solitaire.

Tenaillé par une lancinante peur de décevoir, Paul courrait depuis trente ans, carburait à la passion autant qu'au café noir et commençait à découvrir le poids de la fatigue.

La maladie de Mathilde l'avait surpris, saisi en vol, presque pris en traître. Il avait été brutalement contraint de se décentrer, de revoir en urgence ses priorités. Cette épuisante course professionnelle ressemblait de plus en plus à une fuite. Paul redoutait le jour où il aurait rendez-vous avec lui-même...

Tant d'heures, de journées, d'années données sans compter à son journal – peut-être volées, se reprochait-il aujourd'hui, à sa femme et à ses enfants ? – pour, finalement, en arriver là. Se faire virer, sans un merci, ni même une poignée de main.

Il enfila ses chaussures de randonnée et sortit.

– 9 –

Le temps était clair et sec. Les branches des mélèzes croulaient sous la neige. Paul remonta la prairie, suivant les traces qu'il avait laissées la veille. Il dépassa la place de l'église et sa fontaine prise par la glace, s'engagea sur l'étroit chemin qu'il devinait à peine sous l'épaisseur immaculée.

Après un peu plus de deux heures d'une marche besogneuse, il s'arrêta et scruta l'horizon. Il venait d'atteindre la lisière qui ouvre la porte du col de La Ruchère. La prairie était vierge, sans trace de présence humaine. Belle, sauvage. Il hésita à fendre de ses pas cette impressionnante page blanche qui scintillait au soleil déjà dru du petit matin.

Après avoir sanglé ses raquettes, il se remit en route, grimpa sur la gauche, sous les arêtes anguleuses du Petit Som en direction du Pas du Loup. Les premiers rochers ralentirent son allure, le passage se fit plus étroit. Puis l'horizon se dégagea. Il posa son sac. En plissant les paupières pour se protéger de la réverbération, il finit par l'apercevoir. En contrebas du col de Bovinant, le *habert* était là. Sa toiture de tôle faisait, aux endroits où la neige avait fondu, comme un éclat dans l'immensité blanchâtre. La cheminée de la minuscule ferme d'estive fumait à petites volutes.

« Il est là ! » Paul s'était bien gardé de le prévenir de son arrivée. « De toutes les façons, il est toujours là ! »

Paul avait lié amitié avec Jean trois ans plus tôt. Parti seul avant l'aube pour l'une de ces randonnées dont, en début d'été, il avait besoin pour se laver la tête du stress accumulé au journal, il s'était tordu la cheville en glissant bêtement sur la pierre d'un torrent. Il avait oublié son téléphone portable et, de toute manière, il n'y avait personne au chalet, Mathilde passant quelques jours chez ses parents, en Touraine, avec les enfants.

Alors qu'il se demandait comment il allait s'y prendre pour redescendre avec sa patte folle, émergea d'un bosquet de noisetiers un grand escogriffe, les cheveux hirsutes, du poil plein les oreilles, les sourcils en bataille, son corps maigre engoncé dans une salopette visiblement trop grande pour lui. Paul l'avait d'abord pris pour un débardeur, nombreux dans cette région où la coupe des arbres, plus que l'agriculture, est, du printemps à l'automne, l'une des activités rurales encore vaguement rentable. Les tâches de graisse sur le coton usé du bleu de travail laissaient deviner le maniement d'une tronçonneuse dont Paul se souvenait avoir entendu le ronronnement entêtant alors qu'il commençait à monter vers le col.

Il fut intrigué par le caractère taciturne de son sauveteur qui s'était accroupi sans même un bonjour. Des yeux, il avait sollicité du randonneur l'autorisation de palper la cheville endolorie. Sous la poigne osseuse, Paul s'était cabré, sans susciter la moindre réaction de compassion du bûcheron qui, dans un borborygme à peine audible, avait lâché : « Rien de cassé. » Puis il s'était levé et éloigné sans prononcer un autre mot.

« Il ne va tout de même pas me laisser en plan, ce con ! » s'était intérieurement exclamé Paul, dont l'articulation commençait sérieusement à le faire souffrir.

De longues minutes s'étaient écoulées, quand retentirent quatre ou cinq coups secs donnés avec force contre un tronc, sans doute à l'aide de la *goyarde*, cette serpe savoyarde à la lame acérée que Paul avait remarquée à la ceinture de son Saint-Bernard.

L'homme réapparu, toujours sans un mot. Il avait coupé un jeune tronc de fayard dont le haut formait comme une échancrure. Il aida Paul à se relever et lui bloqua cette béquille de fortune sous l'aisselle puis il lui fit un signe de la tête. Sans un regard en arrière, sans un autre coup de main, le Saint-Bernard s'enfonça dans la forêt. Paul, partagé entre la gratitude et l'agacement devant les manières rustiques du bonhomme, le suivit à distance, clopin-clopant, sa cheville lui arrachant régulièrement une grimace. Le vieux lui avait d'autorité pris son sac à dos qu'il avait chargé sur sa salopette douteuse.

La balade dura près d'une heure. Paul était en nage et soufflait comme une forge. Enfin, une minuscule trouée apparue : la lisière des arbres. Le bûcheron l'attendait et lui indiqua du menton la direction du habert. Il fallut encore vingt bonnes minutes pour rejoindre, en montant prudemment, la cabane de pierre servant traditionnellement de refuge aux bergers pendant les mois d'été. Une fontaine répandait sa fraîcheur en se déversant dans une auge en granit qui n'était pas taillée d'hier.

Paul remarqua immédiatement le signe gravé sur la pierre de linteau : un globe surmonté d'une croix, entouré de sept étoiles. Épuisé par la marche et la douleur, il mit quelques minutes à retrouver dans sa mémoire le sens du symbole : *« Stat crux dum volvitur orbis »,* murmura-t-il, suffisamment fort pour que son hôte l'entende, se retourne vivement et lui offre un sourire édenté des plus inattendus ! Alors Paul, du tac au tac, dans un clin d'œil, traduisit la citation latine : « Le monde tourne mais la croix demeure », ce qui déclencha cette fois le rire sonore de son Saint-Bernard – ou plutôt devait-il dire de son Saint-Bruno, fondateur de la Grande Chartreuse, célèbre couvent amarré, à moins de deux heures de marche, noyé dans une mer de silence, en contrebas ? Depuis près de mille ans, cette petite croix plantée sur le globe terrestre et cette devise faisaient s'engager une poignée de fous dans le plus improbable des voyages intérieurs. Parfois, lorsque la randonnée les poussait jusqu'aux abords du monastère, Paul et Mathilde croisaient quelques chartreux joyeux faisant virevolter leur ample coule blanche. On se saluait mais, selon la règle, on ne se parlait pas.

Paul s'assit sur un banc et s'adossa au mur extérieur du habert. L'autre lui tendit un gobelet de grès empli d'une eau limpide et glacée puis, sans un mot, entreprit de le déchausser. Il entra dans ce qui vraisemblablement était l'unique pièce de son refuge, fouilla dans la pénombre sur une étagère et revint avec une boîte ronde en fer étamé dont il fit sauter le couvercle de la pointe de l'ongle. Il enduisit la cheville de Paul d'une mélasse graisseuse et verte qui sentait bon… la Chartreuse !

– Merci pour l'apéritif ! lança Paul, malicieux et enfin détendu, au secouriste habile comme un berger sur la patte endolorie d'une brebis.

L'autre lui rendit son sourire et se présenta enfin :

– Moi, c'est Jean ; et toi ?

– Je m'appelle Paul. Paul Sardaigne. Je suis journaliste, je dirige un grand hebdomadaire catholique à Paris, que vous connaissez sans doute…

– Si tu restes tranquille deux bonnes heures, tu pourras redescendre, en allant doucement, lui répondit Jean, sans marquer le moindre intérêt pour ce que Paul venait de lui dire.

Paul fut un instant mal à l'aise : il avait tellement l'habitude que, dans les dîners parisiens, s'allume la curiosité lorsqu'il annonçait sa profession. Sa carte de presse faisait rêver ou agaçait, elle ne laissait jamais indifférent. Être journaliste, c'était disposer d'un vrai pouvoir, celui de commenter la vie du monde et des autres, celui d'avoir un avis sur tout ou presque, celui de côtoyer des célébrités, celui d'être envié, critiqué, admiré… Paul savait qu'une fois son métier révélé, la conversation tournerait un bon moment autour de lui. Il savait en jouer, glisser, faussement humble, que la veille, il dînait chez tel comédien, qu'il avait croisé tel collègue, célèbre présentateur du journal télévisé ou telle animatrice d'une émission en vue, qu'il avait pu lire les épreuves avant impression d'un romancier en lice pour le Goncourt. L'effet était garanti. Les convives le bombardaient de questions, le confortant dans le rôle de celui qui sait et qui a des relations. Ils pourraient le lendemain raconter qu'ils avaient rencontré le journaliste Paul Sardaigne et qu'ils tenaient de lui des informations de première main. Paul aimait se voir dans le regard des autres. Au risque de confondre sa véritable identité avec sa carte de visite et son prestigieux CV. C'était tellement reposant et rassurant de croire – ou de faire semblant de croire – au personnage dont les autres lui renvoyaient sans cesse une image flatteuse. Seule Mathilde savait, avec une énergique et revigorante absence totale de diplomatie, le ramener sur terre. Paul riait de bon cœur lorsque sa femme lui balançait sans ménagement son expression favorite : « Arrête de te prendre pour ta photo ! »

Jean acheva d'enrouler une bande autour de la cheville blessée. L'odeur entêtante de liqueur lui titillait le nez. Paul tenta d'en savoir plus :

– Vous vivez là ?

– Tu devras te reposer quelques jours, avant de reprendre la marche, lui répondit l'autre, continuant à le tutoyer. Tu en as grand besoin…

Paul accusa le coup, réfléchit et rétorqua :

– Vous me trouvez… fatigué ?

La réponse fusa, inattendue, plus tranchante qu'une lame d'Opinel.

– Tu ne t'es pas vu ? Une vraie gueule de déterré ! lui lança sans ménagement le Saint-Bernard qui enfonça le clou : La tête de quelqu'un qui marche à côté de ses pompes. Cette fois, c'est la cheville, mais demain, qu'est-ce que ce sera ?

Ce fut l'effet d'une gifle. Une larme perla au coin de l'œil, sans qu'il puisse l'arrêter, et sans que d'ailleurs il cherche à la cacher. Réaction à la fatigue et aux élancements de sa cheville ? Il y avait davantage. Paul ne comprenait pas comment cet obscur berger sans troupeau, ce rustre mal fagoté sortit de nulle part, pouvait lui parler ainsi, dans un curieux mélange de justesse et de rudesse. L'autre venait – il le savait, même s'il en était furieux – de lui asséner une vérité. Cette entorse à la cheville était un signal, un acte manqué, comme une alarme qui se déclenche sans crier gare. Depuis combien de mois, combien d'années, courrait-il effectivement hors du sentier de sa propre vie, bouffé par le stress et la course au succès ? Shooté à l'adrénaline et à la notoriété. Coupé de l'accès à cette porte étroite par laquelle chacune et chacun d'entre nous est appelé, un jour ou l'autre, à rejoindre, de biais, en rentrant la tête dans les épaules et en faisant profil bas, le centre de son existence. Ce lieu secret où il n'est nul besoin de carte de visite et de *curriculum vitae* flatteur pour être qui l'on est ; et qui l'on a à devenir…

Paul se souvint de cette phrase d'Etty Hillesum, dont le journal, écrit en déportation, l'avait si profondément touché : « Il y a tant de maisons inhabitées. » Paul en eut ce jour-là la confuse intuition : il était en train de devenir l'une de ces bicoques inhabitées à la façade certes avantageuse mais trompeuse ; une de ces baraques qui tente de donner le change mais dont les murs sont sapés par de nombreuses lézardes ; l'une de ces maisons décaties dans lesquelles la jeune femme juive faisait promesse à son Dieu de le faire entrer. « Je te le promets, mon

Dieu, je te chercherai un logement et un toit dans le plus grand nombre de maisons possible. C'est une image amusante : je me mets en route pour te chercher un toit. »

La larme de Paul ce jour-là, dans la cour du habert, commença doucement, sans qu'il en ait conscience, à entrebâiller la porte étroite.

Au loin, une cloche retentit, amplifiée par l'écho des montagnes. Elle sonna trois fois trois coups, avant de se transformer en une vigoureuse volée : l'Angélus. Paul eu une soudaine intuition :

– Vous êtes chartreux !

Mauvaise pioche : la réponse fusa, sans appel…

– Les chartreux vivent cloîtrés, derrière les murs de leur couvent, là-bas, après les grands arbres, dans la vallée en contrebas. Ils ne sortent, pour la promenade, qu'une fois par semaine, le lundi. Nous ne sommes pas lundi.

La phrase faisait plus de dix mots : un exploit ! Paul s'engouffra dans la brèche :

– Cela fait longtemps que vous vivez ici ?
– Tu devrais arrêter de poser des questions.
– Pardon ! Déformation professionnelle…
– Oublie donc un peu ton fichu métier.
– Quoi !

Paul mit plusieurs secondes à digérer cette nouvelle salve. « De quoi y s'mêle, le Saint-Bernard ? se dit-il, outré. On ne me parle pas comme ça ! Pas à moi ! » L'autre, sans un mot, retourna fourailler dans sa cabane ; Paul qui bouillait de colère, renonça, épuisé, à batailler et baissa la garde. Il sentit à peine qu'il s'assoupissait.

Lorsqu'il rouvrit les yeux, le soleil commençait à disparaître derrière le col de l'Aliénard.

– J'ai dormi ?

– Comme un loir, près de deux bonnes heures, et en ronflant comme un sonneur ! lui répondit une voix de l'intérieur de la cabane.

Il frissonna, jeta un œil à sa montre et pensa qu'il était grand temps de redescendre. Le baume de Chartreuse, fabrication maison de son hôte, avait agi en chauffant l'articulation. Après un essai précautionneux, il se rendit compte qu'il pouvait marcher. En prenant son temps, il pourrait regagner le chalet avant la nuit.

Jean lui cala la béquille de fayard sous le bras et lui indiqua le sentier le plus court et le moins abrupt. Paul lui tendit la main. L'autre la saisit vigoureusement de ses deux pognes calleuses et mit plusieurs secondes à relâcher la pression. Jean plongea longuement le regard dans les yeux de Paul. Un regard… plein de mots qui n'appelait, en retour, qu'un profond silence.

Paul, secoué par ce qu'il venait de vivre, résolut de se mettre en route. Il sortit en claudiquant de la cour du refuge, cala son sac sur l'épaule, puis commença à descendre. Après quelques courtes enjambées, il se ravisa. Jean était toujours là, à l'observer.

– Puis-je revenir ?

– Si tu veux. Mais… laisse donc le journaliste en bas ! lui répondit tout à trac son hôte mystérieux.

Une fois encore piqué au vif, Paul hésita. Ils se jaugèrent comme avant un combat. La tension était lourde, électrique. Puis, tout bascula enfin dans un irrépressible et énorme fou rire qui les secoua plusieurs secondes.

Leur amitié, rugueuse et taiseuse, était née ce jour-là. Depuis, Paul bénissait cette légère entorse de la cheville qui lui avait permis de rencontrer celui qu'il appelait affectueusement l'ermite. Huit jours plus tard, il était remonté au habert. Jean l'avait invité à partager une sorte de bouillon de légumes agrémenté de fèves. Ils n'avaient pas beaucoup parlé. Juste de la montagne, du tapis de jonquilles sauvages qui envahit la prairie d'altitude chaque printemps, du lynx solitaire qui traîne dans les parages, laissant dans la boue d'impressionnantes empreintes, et qui, depuis des mois, affole les troupeaux.

À force de patience, sans trop poser de questions, Paul avait fini par deviner que Jean vivait seul dans la montagne depuis quatre ou cinq ans, sans doute avec la bénédiction bienveillante de ses silencieux voisins les chartreux avec lesquels il semblait être discrètement en lien.

La vie d'avant de Jean était un mystère. Sous ses airs de bûcheron rustique, il cachait un homme cultivé. Paul, qui avait aperçu de nombreux livres dans l'ombre du habert, soupçonnait un parcours atypique. Ce gars étrange – qui écoutait le *Requiem* de Mozart en boucle sur un antique lecteur CD branché sur des batteries reliées à un capteur solaire – avait été, il le pressentait, sans doute acculé à une rupture forte, décisive, avalé soudain par un irrépressible besoin de silence et de solitude. Pour quelle raison ? À la suite de quel événement ? Le mystère restait aussi épais que la forêt qu'il fallait traverser pour accéder à son refuge.

– 10 –

« *Ite missa est* », confia nerveusement Paul à Mathilde, en rentrant ce soir-là de la rédaction, après une heure à ruminer dans les embouteillages. « La messe est dite. Je suis viré. » Trois mots qu'il pensait n'avoir jamais à prononcer, trois sales petits mots comme un mauvais abcès dans la bouche dont il avait longtemps cru que sa brillante carrière le mettrait à l'abri. L'entretien avec le directeur général avait été orageux. Ce n'était pas une simple tentative d'intimidation de plus. Cette fois, la hiérarchie envisageait sérieusement l'élimination rapide de l'influent journaliste. Une manière habile de donner des gages de recentrage à l'aile conservatrice de l'Église catholique et, par ce flingage emblématique, de mettre un peu plus la pression sur les salariés en interne. Personne, désormais, n'était intouchable. Paul était dans la nasse.

Mathilde lui avait caressé la joue et l'avait embrassé tendrement. Ils étaient restés enlacés, en silence, dans le couloir de l'appartement. Son mari venait d'entrer dans une zone de turbulence. Le trou d'air était gigantesque pour Paul pour qui la presse était une passion dévorante, absolue. Inquiète, elle le sentait habité d'un mélange détonnant de colère et d'abattement.

Lui ne faisait que répéter : « Pardonne-moi, pardonne-moi. » Car, au volant de sa voiture, c'est la culpabilité qui l'avait submergé. Sur le coup, il avait été fier de ne pas céder aux menaces insidieuses de la direction, fier de prendre un vrai risque professionnel pour tenir ferme dans ses convictions et afficher sa sacro-sainte liberté journalistique. Mais, en se garant, il avait entrevu les longs mois de chômage, pris conscience du marasme du marché de l'emploi dans une profession sinistrée, de la perte de revenus au moment où les études des enfants coûtaient le plus cher, mesuré l'effacement brutal de son identité professionnelle sur laquelle il avait tant bâti.

Plus que tout, Paul ne pensait plus, dans l'ascenseur, qu'à Mathilde. Il savait combien le stress est un poison pernicieux. Il s'en voulait déjà de ne pas avoir su la préserver de la tempête, il se reprochait cet entêtement qui allait inévitablement déstabiliser sa femme alors qu'elle était encore sous haute surveillance médicale.

Mathilde n'avait, en son for intérieur, pas ressenti les affres que Paul redoutait tant. Curieusement, cette méchante nouvelle lui donnait le sentiment presque positif qu'une porte était en train de se refermer sur une histoire qui, après avoir été féconde et passionnante, avait fort mal tourné. Elle avait serré Paul, en lui glissant, doucement mais fermement, qu'il n'avait rien à se reprocher. Qu'il avait fait le seul choix possible. Mathilde prenait conscience, sans oser se l'avouer, qu'elle avait peut-être secrètement attendu ce moment où Paul se verrait contraint de changer d'air.

Depuis des mois, elle sentait combien son mari était à bout. En le voyant rentrer chaque soir un peu plus épuisé, elle s'était mise à penser que le mieux pour Paul serait qu'un jour ou l'autre il quitte cette fichue boite – peut-être même ce métier – qui le dévorait tant. Mathilde éprouvait une sourde colère devant la brutalité hors de proportion de ce licenciement sournois, devant cette manière froide et cynique de biffer d'un trait tant d'années d'engagements passionnés, de casser, sans le moindre état d'âme, l'élan d'une vie professionnelle si féconde. « Quel gâchis ! » lâcha-t-elle, furibarde. Elle était révoltée, mais, curieusement et en même temps, presque apaisée qu'enfin le mauvais feuilleton s'achève ; redoutant tout de même l'épilogue qui restait à écrire.

Huit jours plus tard, un mardi matin, la lettre de licenciement étaient parvenue en recommandé. Paul venait d'arriver au journal. Mathilde l'avait appelé, lui lisant, hésitante et bouleversée, le contenu au téléphone. Un dossier à charge, mensonger, méchant et fielleux, oublieux de tout ce que Paul avait apporté à l'entreprise, maniant l'insinuation avec une dextérité toute pharisienne. En fin de courrier, il était, selon la formule usuelle, généreusement dispensé de préavis et prié de quitter, séance tenante, une entreprise où, jeune stagiaire enthousiaste, il était entré près de trente ans plus tôt. Il avait rassemblé l'équipe de rédaction et l'avait informée, dans un silence pesant, de son départ immédiat.

Avec Solenn, qui cachait mal son émotion, il avait passé la fin de matinée à faire ses cartons. Tant de souvenirs entassés à la va-vite qu'il stockerait dans sa cave et mettrait des mois à oser rouvrir. Son assistante l'avait aidé à charger le tout dans le coffre de la voiture. Ils s'étaient embrassés. Puis Paul était remonté serrer quelques mains, rapidement, pressé d'en finir tant la gêne mutuelle était palpable.

Laissant son badge à la DRH, il était parti à l'heure du déjeuner, arpentant une dernière fois les couloirs déserts. Il était sous le choc, écrasé par un sentiment infini de solitude.

Aucun responsable de cette entreprise pour laquelle il avait travaillé pendant tant d'années, avec passion, souvent au-delà de ses forces, n'avait simplement daigné venir lui dire au revoir. Pas un mot, pas un regard.

Le lendemain, après une nuit cauchemardesque, il avait pris la route de la Chartreuse, groggy, comme un noyé lâche ses dernières brasses.

– 11 –

« Il est là ! »

Paul respire profondément, cherchant à ralentir son rythme cardiaque, après la montée dans une neige collante et lourde. Plus de six cents mètres de dénivellation depuis le chalet. La vue est dégagée : à gauche, la masse impressionnante du Grand Som coiffée de sa croix de fer qui s'aperçoit de tout le massif ; droit devant, au loin dans la brume, la pointe poudrée de Chamechaude, plus haut sommet de Chartreuse avec ses quelque 2 082 mètres d'altitude ; et sur la droite, à l'aplomb du habert de Billon, le raidillon donnant accès au col de l'Aliénard, puis, en enfilade, à sa prairie protégée des touristes où les chartreux viennent discrètement se promener, s'asseyant l'hiver à même leur coule laineuse pour se livrer, malicieux, à d'improbables glissades !

Paul ne se lasse pas de cette vue à cent quatre-vingts degrés, qu'avec Mathilde il vient contempler en toutes saisons. Il aime la proximité de l'immense vaisseau du monastère en contrebas où des hommes de tous âges et de toutes nationalités ont choisi d'embarquer leur vie sur une abyssale hypothèse : peut-être y a-t-il « Quelqu'un » là-haut pour entendre les murmures de leurs oraisons solitaires.

En contrebas, Paul sait que l'épais manteau neigeux cache les ruines d'une autre ferme d'estive où il fait bon pique-niquer l'été, assis sur la pierre fraîche des linteaux effondrés ; qu'un peu plus loin, sous les grands arbres, doivent veiller les deux chapelles : Saint-Bruno et Notre-Dame de *Casalibus* – Notre-Dame des cabanes – qui marquent les lieux des tout premiers ermitages où Bruno et ses compagnons sont venus ancrer leur « écoute tranquille du cœur qui permet à Dieu d'y pénétrer par tous les chemins ».

L'histoire raconte que l'un des monastères a sombré sous une avalanche, et que l'autre, rebâti un peu en aval, a brûlé le 14 juin de l'an 1300. Des moines sont morts. La nature n'est pas toujours bonne mère avec les enfants du bon Dieu. D'où le déplacement, plus bas encore dans l'étroite vallée, du couvent actuel.

Pour la première fois depuis les dernières quarante-huit heures, Paul se détend. Le changement d'univers l'apaise. Paris est loin. Il se dit qu'il a bien fait de fuir la capitale. Que fera-t-il des jours qui s'offrent à lui ? Il n'en a aucune idée.

« Ce que la solitude et le silence du désert apportent d'utilité et de divine jouissance à ceux qui les aiment, cela seuls le savent, qui en ont fait l'expérience », écrit saint Bruno dans une des rares lettres conservées et reproduites sur un panneau au musée de la Grande Chartreuse.

La fumée s'intensifie au-dessus du habert. L'ami Jean est en train de cuire le pain, comme il le fait chaque semaine. Pour que la pâte lève, il transforme son unique pièce en étuve, chargeant le fourneau au maximum de sa capacité.

Sa respiration calmée, Paul se remet en route, presque joyeux – malgré l'anxiété qui lui noue le ventre depuis l'avant-veille. Il va retrouver son compagnon bourru et solitaire. Il lui faut une bonne heure pour atteindre l'ermitage.

La cour du refuge est engloutie sous la neige. Seule une trace profonde d'un bon mètre permet d'accéder à la porte basse. Jean l'a sans doute entendu venir car il sort sur le seuil avant que Paul n'ait le temps de frapper. Ils se donnent une longue accolade.

– Salut, l'ermite !

– Bonjour Paul. Je ne m'attendais pas à te voir. Entre, donc !

Il fait chaud. Des effluves de soupe chatouillent les narines du marcheur que l'effort a affamé. D'autorité, le vieux Jean sort un bol ébréché et lui verse une pleine louche d'un mélange de légumes séchés, de fèves et de riz. Roboratif et goûteux ! La miche de pain est encore chaude. Jean lui coupe une large tranche croustillante.

Le silence s'installe sans que l'un et l'autre n'éprouvent le besoin de le rompre. Ces deux-là ont appris à se connaître, même si la vie de Jean reste pour Paul une énigme. Comment fait-il pour vivre ainsi perdu au cœur de ces montagnes gorgées de neige et saoulées de solitude, à près de trois heures de marche du premier village ?

Sur le mur de pierre, à droite de la fenêtre, juste au-dessus du bat-flanc, Paul avise cet étrange crucifix qu'il a remarqué lors de ces précédentes escales. Deux morceaux de bois vermoulus croisés et sanglés par une vilaine ficelle.

Jean lui a raconté qu'il a trouvé, il y a dizaine d'années, les matériaux de cette croix du pauvre sur une plage, alors qu'il vivait dans une *favela* à une trentaine de kilomètres de Rio. Le bois flotté et le bout de corde crasseux avaient été crachés par le ressac après de longs mois de dérive, au gré des courants, dans le ventre de la mer.

Paul a ainsi appris, au détour d'une parcimonieuse conversation, que Jean a vécu près de vingt ans au Brésil, dans un immense bidonville. Pays qu'il a dû quitter en urgence, sans doute sous le coup d'obscures menaces mafieuses et politiques.

De fil en aiguille, d'escale en escale au habert, sous le regard de ce singulier Christ naufragé, le journaliste a fini par apprendre que l'ermite est prêtre. Sans bien savoir d'où il vient, ni quand et dans quelles circonstances il a reçu l'ordination, dont il suppose qu'elle fût tardive, précédée de quelques épisodes d'une existence hors-norme qui garde son secret. Depuis, sans que cela devienne une habitude, il leur arrive de partager le pain chaud de l'eucharistie, à même la table de chêne. Le vin rouge est râpeux dans le gobelet de grès mais la communion forte entre les deux hommes. Paul aime cette tablée-là, même si le doute le laisse le plus souvent sur le rebord de la foi. Peut-être faut-il longtemps mâcher de ce quignon-là et lamper de cette piquette-là avant d'en éprouver la faim et la soif ?

Jean parle peu de sa vie d'avant mais Paul se doute que ce curé marginal, loin du confort suranné des presbytères et du parfum d'encaustique des sacristies, a bourlingué, croisé l'humanité, la vraie, celle qui suinte la misère et transpire le malheur.

Une pauvreté que Paul, du temps où il était grand reporter, n'a fait qu'approcher quelques heures, quelques jours tout au plus, entre deux avions, deux continents, deux chambres d'hôtels climatisés, passant de l'Afrique à l'Asie, des enfants affamés du Sud-Soudan aux adolescentes prostituées de Bangkok. À l'époque, les reportages de Paul font sensation tant il trempe sa plume dans son extrême sensibilité, décrivant avec force ses rencontres du bout du monde. Le journaliste n'a pas son pareil pour susciter l'émotion. Mais le reportage bouclé et l'article paru, Paul retrouvait la vie parisienne, son appartement douillet de la Butte-aux-Cailles et passait à autre chose. Pendant que d'autres – comme Jean – agissaient aux côtés des pauvres, lui ne faisait que passer pour observer et raconter. Une sorte de voyeur professionnel. Drôle de job.

– Tu as pris quelques jours de congé ?

Paul sursaute. La soudaine chaleur et la soupe épaisse l'ont engourdi. Jean le regarde.

– Disons plutôt qu'on m'a mis en congé forcé !

Jean triture le manche de son couteau.

– Alors, cette fois, ça y est ?

– Oui. Je suis débarqué, lourdé, jeté, viré. J'ai été prié de débarrasser le plancher avant-hier. « Tire-toi : on t'a assez vu ! »

Jean laisse le silence prendre la parole. C'est un don chez lui : plus il se tait, plus l'écoute semble s'aiguiser, plus chacun se sent présent à lui-même.

Paul se racle la gorge et poursuit :

– Tu te rends compte ! Tant de reportages et d'interviews, des centaines d'articles, un journal qui se porte bien, des lecteurs satisfaits et… se faire jeter, comme une merde, sans un merci ! Les enfoirés !

Paul vide son sac. Il raconte : les pressions, les intimidations à peine voilées, les décisions prises dans son dos, la guerre d'usure, les patrons qui ne vous reçoivent plus et ne vous prennent plus au téléphone, les secrétaires qui ont ordre de faire barrage, les petits chefs qui en profitent pour régler leurs comptes, les mesquineries en tout genre, les collègues partagés entre franc soutien, amitié, trouille et indifférence ; ceux qui compatissent à la va-vite au détour d'un couloir, ceux qui déjà ne vous voient plus et qui, déjà, se placent… Sans vergogne.

Jean hoche la tête. Il l'écoute s'épancher. Puis Paul s'arrête au milieu d'une phrase. Ses lèvres tremblent et, dans un souffle, il ajoute :

– Le plus dur, Jean, c'est que je m'en veux. Je m'en veux terriblement ! Tu sais, je me demande si je n'aurais pas dû courber l'échine, accepter le placard dans lequel on voulait m'oublier, mais garder mon contrat, mon salaire. Tout faire pour ne pas imposer ce tourbillon venimeux à Mathilde et aux enfants.

Paul s'effondre. Trop de rancœur contenue. Il pleure comme un môme. Le flot semble ne jamais devoir se tarir, les sanglots le secouent de la tête aux pieds. Jean ne bouge pas. Il attend.

Paul reste de longues minutes prostré, le souffle court, la main tapotant nerveusement la table. Lorsqu'il est un peu calmé, Jean cligne de l'œil, tend le bras et sort d'une niche dans le mur à côté de l'évier une bouteille que Paul connaît bien. Un flacon étroit, sans étiquette. Un cru de Chartreuse hors commerce et hors d'âge que les voisins cloîtrés du vieux Jean doivent lui fournir sous le manteau. Ou sous la coule ! Comme des contrebandiers.

L'alcool brûle la gorge de Paul et le fait frissonner. L'ermite pose sa main rugueuse sur celle de son visiteur.

– N'aie pas honte de tes larmes, Paul. Tu es épuisé. D'autres à ta place auraient craqué depuis longtemps. Tu as bien fait de venir me voir. On va prendre le temps de parler tous les deux. Commence par arrêter de t'en vouloir. Tu as fait ce que tu as cru devoir faire. L'heure n'est plus à regretter ce qui est arrivé. Ne tombe pas dans le piège du ressentiment. Et surtout ne crains pas pour ta femme. Mathilde est forte. Elle va traverser cette tempête à tes côtés. C'est de toi dont il faut maintenant prendre soin.

– Comment ces salopards ont-ils pu ?

– Tu connais aujourd'hui une des choses les plus difficiles à vivre, Paul : l'humiliation. Tu viens de passer en quelques heures de la lumière du succès à…

– … l'échec. Vas-y, dis-le ! maugrée Paul, presque agressif.

– Non, Paul. Pas l'échec, pas l'échec. La rupture que tu vis n'est pas un échec. Ta barque tangue, les vents sont contraires mais ce n'est pas le naufrage…

– À mon âge, dans ce secteur sinistré de la presse, c'est le chômage assuré.

– Tu as du talent Paul, tu vas t'en sortir, rebondir. Commence donc par regarder ce temps qui s'ouvre à toi comme une occasion de te reposer, de réfléchir, de te refaire. Tu as trop tiré sur la corde ces dernières années, tu le sais. Tu as le droit de prendre du temps pour toi.

Paul est exténué. Sans doute ne peut-il plus rien entendre, enfermé qu'il est dans ce méchant mélange de culpabilité et de fureur qui le brûle comme un poison. Il faudra du temps, beaucoup de temps, pour que le journaliste fasse le deuil de la formidable aventure professionnelle qu'il vient de vivre. Devant lui s'ouvre une terre inconnue. Lui qui a tant bourlingué tremble devant ce qui ressemble au reportage le plus difficile de sa carrière. Cette fois, c'est en lui-même, au cœur de son existence dévastée, qu'il est envoyé spécial. Et sa carte de presse ne lui sera d'aucun secours.

Jean conseille à Paul de redescendre au chalet. Il l'accompagne jusqu'au col. Ils marchent en silence. Lorsque approche la lisière des grands arbres, Jean tape amicalement sur l'épaule de son ami.

– Descends doucement, dors, marche, transpire, use-toi le corps et les nerfs à fendre du bois et reviens me voir. Dans trois ou quatre jours.

Sans un mot, sans se retourner, le dos voûté, Paul s'enfonce sous la haute futaie.

– 12 –

Il hurle, cherche compulsivement l'interrupteur de la lampe de chevet. Il est en nage, envahi d'une peur panique. C'est toujours le même cauchemar : il n'arrive pas à ouvrir la lettre recommandée, tant ses doigts tremblent. Le courrier – résultats d'analyses médicales, lettre de licenciement ? – reste indéfiniment cacheté. Chaque fois, la scène se déroule sur un toit dont il n'arrive pas à déterminer s'il s'agit de celui du journal ou de l'hôpital où Mathilde est soignée. Le personnage de son mauvais rêve marche au bord du vide, hagard, somnambulique. Il se met à gueuler. En bas, les fenêtres s'ouvrent, les unes après les autres, bientôt peuplées de regards interrogatifs puis inquiets. L'inconnu crie de plus belle, marche sur le rebord zingué, au plus près du gouffre. Et brusquement, il perd l'équilibre. Mais Paul ne le voit jamais tomber. Il se réveille toujours avant. Tout juste aperçoit-il la lettre qui tournoie dans le vide.

– 13 –

– Que dois-je faire ?

– Es-tu sûr que ce soit la bonne question ?

– Mais il faut que je retrouve un job, Jean. C'est urgent. Vital !

– Commence par te retrouver, toi.

– Facile à dire : j'ai perdu mon GPS intérieur !

– Jolie formule, monsieur le journaliste ! Mais encore ?

– Écoute, franchement, je ne sais pas. C'est comme si, pendant près de trente ans, j'étais resté collé à une image, comme une affiche à son mur. Ce gars sur la photo de mes éditos...

– Ce n'était pas toi ?

– Si, pour une part. Mais pour une part seulement. J'ai aimé avec passion tenir le gouvernail de ce journal.

– Qu'est-ce qui te plaisait dans ce rôle ?

– L'animation de l'équipe, la création, le débat, l'écriture. La complicité, les fous rires, les déconnades homériques. J'ai aimé mettre mon grain de sel sur les questions de société, dans les débats ecclésiaux. Tenter de faire un peu bouger les lignes. Secouer le conformisme, les pesanteurs, dénoncer cette peur du monde moderne qui mine l'Église. Mais, plus que tout, j'ai aimé les rencontres, les reportages, les interviews. Surtout les interviews.

– Poser des questions…

– … était sans doute une façon de répondre à mes propres interrogations. À bien y réfléchir, c'est étrange…

– Vas-y.

– Je suis depuis des années un questionneur impénitent. J'écoute les autres me raconter leur vie, me dévoiler leurs interrogations, leurs convictions. Je les regarde agir, inventer, créer, lutter, s'engager comme on regarde passer un train dans lequel je ne monte jamais. J'ai cru qu'en écoutant les autres, j'allais finir par trouver ma propre destination. Mais je suis resté à quai. Comme si mon existence se réduisait à une succession de questions et de points d'interrogation !

– Se… réduisait ?

– …

– Paul, tu sais bien que ce que tu viens de dire n'est pas juste. Tu ne te réduis pas aux questions que tu poses ! On questionne à partir de qui on est ; pas du néant. C'est étrange, mais tu évoques tes interviews comme si la rencontre ne se déroulait que dans un sens. Crois-tu vraiment que les personnalités que tu as interrogées n'ont rencontré qu'un magnétophone ?

– Je n'ai été, toutes ces années, qu'un spectateur de la vie des autres. Un porte-micro, un échotier, un plumitif scribouillard…

– Nous y voilà.

– Eh, bien ?

– Eh, bien je crains que tu ne sois en train de t'envoyer à toi-même une seconde lettre de licenciement. Plus redoutable que la première !

– … ?

– Te voilà complice de la double peine, mon cher Paul. On te fout à la porte et toi tu en remets une couche. Tu passes sans transition du talentueux journaliste au pauvre type, tout juste capable d'aller tendre son p'tit micro aux grands de ce monde pour ânonner sous leur nez des questions futiles.

– Tu n'exagères pas un peu, là ?

– C'est toi qui exagères Paul, en te dévalorisant ainsi ! Hier, avoue-le, tu n'étais pas loin de te croire le meilleur. Tu te poussais du col dans les dîners parisiens. Tu paradais sur les estrades et les plateaux de télévision. Et aujourd'hui, tu te rabaisses plus bas que terre ! Te voilà sur la pente glissante de la déprime, mon cher Paul.

– C'est… grave, docteur ?

Dans la chaleur boisée du habert, Paul et Jean partent d'un fou rire complice. Depuis trois semaines, Paul monte régulièrement chez l'ermite. Si la tête et le cœur continuent à broyer du noir, la forme physique est un peu revenue. Il ne met plus qu'une heure et demie pour atteindre le col et une vingtaine de minutes pour rejoindre la ferme d'estive.

Sur les conseils insistants de Mathilde, il a décidé de rester quelques semaines de plus en Chartreuse. Sa femme sait qu'à peine rentré à Paris il tournera comme un lion en cage dans l'appartement. Chaque soir, elle prend des nouvelles, lui raconte sa journée au collège Paul Éluard de Vanves où elle exerce comme psychologue scolaire. Elle aime le bouillonnement de l'adolescence qu'elle accompagne avec patience et sens de l'humour. Elle donne à Paul des nouvelles des enfants, les deux derniers, encore sous le toit familial, et les plus grands, l'une étudiante à Strasbourg et l'autre en poste à Bordeaux. Elle tait l'inquiétude qu'ils manifestent, chacun à leur manière. Tous ont grandi aux côtés d'un père au métier fascinant et encombrant qui n'a jusqu'à présent endossé que le costume de la réussite. Ils découvrent, étonnés, mais plein d'attention, sa fragilité. Plus tard, Paul mesurera combien cette vulnérabilité les a rapprochés.

Mathilde se creuse la tête pour faire durer le coup de fil. Paul se tait. Il a toutes les peines du monde à se concentrer sur ce que sa femme lui raconte. Il mesure, effaré, combien le *burn-out* l'empêche de s'ouvrir à autre chose qu'à son propre chagrin. Il voudrait serrer Mathilde dans ses bras, entrelacer ses doigts dans les siens. C'est entre eux comme une seconde langue, comme la grammaire mystérieuse de leur tendresse. Dans son marasme, Paul garde gravé en lui cette indestructible certitude de leur amour. Entre ces deux-là, le licenciement est tout simplement impossible. Aucune *cause réelle et sérieuse*, aucune *divergence stratégique* ne saurait venir briser le lien qui les soude depuis près de trente ans.

Si Mathilde reste préoccupée de savoir Paul loin et isolé, elle se rassure en pensant que le vieux Jean veille sur lui. Elle connaît un peu l'ermite mais a choisi de se tenir à l'écart de cette amitié forte et virile qui lie les deux hommes. Elle sait que Paul peut se confier à Jean qui l'aide à ne pas totalement perdre pied.

– 14 –

La tempête l'a surpris alors qu'il a entrepris de descendre jusqu'au monastère. L'idée folle lui est venue en début d'après-midi après une conversation tendue avec Jean. Jetant un œil inquiet sur le ciel bas et cotonneux, celui-ci a vainement tenté de l'en dissuader. Mais Paul, têtu, veut aller jusqu'aux deux chapelles, s'enfoncer dans la forêt au lieu des origines de l'ordre cartusien, rejoindre la roche sous laquelle l'antique source coule encore, celle-là même qui a étanché la soif des premiers chartreux, il y a près de mille ans. Ensuite il poursuivra sa marche jusqu'à la vieille scierie au toit couvert d'essandoles, ces tuiles taillées dans le bois qui depuis des lustres résistent au froid, à la neige, à la pluie et au soleil ardent ; puis il atteindra la porte massive et close du gigantesque monastère. Un panneau usé par les intempéries lui confirmera l'impossibilité d'entrer : « Les moines, qui ont consacré leur vie à Dieu, vous remercient de respecter leur solitude dans laquelle ils s'offrent en silence pour vous. »

Paul glisse, se rattrape de justesse, peste contre la tempête qui enfle, les flocons en rafale qui lui cinglent le visage, mais continue à descendre en direction de la Grande Chartreuse. Qu'a-t-il donc, lui qui vient de se prendre violemment la porte de son entreprise en pleine figure, à aller ainsi piétiner devant l'un des portails les plus fermés d'Europe ?

C'est plus fort que lui. Il est comme aimanté. Il sait qu'en ce mois de janvier, à cette heure de l'après-midi, il ne croisera personne sur le sentier englouti. Il accélère, happé par l'urgence de venir capter un peu de la mystérieuse énergie des moines invisibles. Comme si, par-delà leurs hauts murs, les lointains héritiers de Bruno et de Guigues pouvaient lui donner quelques miettes de cette force mystique et mystérieuse qui lui manque tant. Il dévale le sentier. Comme un fou.

Dans sa marche incertaine, Paul se remémore les dernières heures. Monté au petit jour, il a partagé avec Jean un bol brûlant de chicorée. Sans que cela soit prémédité, la conversation a pris un accent inattendu ; pudique et vital. Jetant un œil sur la croix bricolée du bidonville de Rio, Paul a confié à son compagnon l'abyssal questionnement spirituel qui est le sien depuis des mois.

– Ma vie spirituelle est un désert. Pardon si je te choque, Jean, mais la foi m'emmerde, l'Église m'emmerde, tout ce fatras de questions mystico-théologiques m'emmerde… Le silence de Dieu est assourdissant, énorme, tonitruant, insupportable ! C'est louche, Jean, vraiment louche. Et si Dieu n'était que l'autre nom que les hommes donnent au silence ? Et s'Il n'était qu'une maison inhabitée emplie de silence, de la cave au grenier ? Et si tout cela n'était qu'une mauvaise fable ou, au mieux, une jolie poésie ? Et si là-bas dans leurs cellules, les chartreux étaient irrémédiablement seuls, sans personne, depuis des siècles, pour les écouter ? Et si ce pain que tu consacres à même cette table ne devenait rien d'autre que du pain, un mélange évanescent de farine, de sel et d'eau bientôt rassis ? Et si nos prières, en montant vers le ciel, ne faisaient que se dissoudre dans le vent ? Et s'il n'y avait personne là-haut pour laisser couler sur ses propres joues divines les larmes d'une mère à qui un toubib apprend, désolé mais pressé, qu'elle est gravement malade ?

Jean l'écoute, en prenant soin de ne pas entrer dans le débat. Il ne connaît que trop, pour les avoir déjà durement lui-même empruntés, les sinueux sentiers du vertigineux dégoût de Dieu. « Tu connaîtras sans doute aussi des moments de disette en moi, mon Dieu », écrit Etty Hillesum, alors que, sous la folie des bottes nazies, le monde s'effondre autour d'elle. L'acédie, c'est ainsi que les mystiques nomment cette implacable rupture de réseau avec Dieu, cette effarante panne de serveur. « Il permit que mon âme fût envahie par les épaisses ténèbres et que la pensée du Ciel si douce pour moi ne soit plus qu'un sujet de combat et de tourment », livre à son journal la petite Thérèse dans la nuit noire de son carmel.

Doucement incité par Jean, Paul tire le fil de son histoire, raconte son enfance, à trente kilomètres de Tours, dans une famille « catholique, mais sans plus ». Sa mère habitée d'une foi simple et joyeuse, qui lui faisait réciter chaque soir une courte prière ; son père, autoritaire et taiseux, chez qui la religion ne semblait susciter qu'un profond et soporifique ennui ; les grands couloirs du collège qui sentaient la soupe froide, les prêtres austères à qui il était obligatoire de se confesser une fois par mois en échange d'un billet signé, la gêne d'avoir à s'agenouiller devant ces hommes en noir dont il se murmurait à l'époque que certains étaient parfois si gentils – trop gentils – avec les jeunes garçons ; la messe au petit matin dans une chapelle glaciale où d'immenses anges en plâtre surveillaient, soupçonneux, du coin de l'œil, l'assistance endormie.

Paul n'avait pas eu personnellement à souffrir des curés, ni du catholicisme de son enfance, qui n'était fort heureusement plus cette religion de la faute et de la peur qui avait tourmenté ses parents et ses grands-parents. Ses aumôniers scouts lui avaient au contraire transmis un visage plutôt joyeux de la foi. Depuis l'enfance, Paul aimait le silence des églises, surtout romanes, les grandes orgues, les vastes sagas bibliques dont il entendait des bribes le dimanche à la messe à laquelle assistait toute sa famille ; la fuite en Égypte, Noé et son arche, Jonas et sa baleine, et Jésus marchand sur les eaux de la mer de Galilée. C'était joliment romanesque. Paul ne s'était jamais vraiment posé la question de savoir si toutes ces histoires étaient vraies. Il vivait en bonne entente avec cet héritage qu'à aucun moment il n'avait été tenté de rejeter. À dix-huit ans, Paul se disait toujours catholique sans bien savoir s'il avait la foi.

Après un bac littéraire obtenu de justesse et qui lui valut les premières et parcimonieuses félicitations de son père, il se persuada qu'il avait la vocation de soigner les autres et tenta de faire médecine. Il s'accrocha vaillamment à ses cours de biochimie et d'anatomie pendant trois mois, puis jeta l'éponge. Un soir, il annonça à ses parents qu'il souhaitait se réorienter et s'inscrire en fac de philosophie. Son père ouvrit des yeux comme des soucoupes. L'austère architecte n'imaginait pas à quoi pouvaient bien mener des études passées le nez rivé sur des bouquins aussi épais qu'illisibles. C'est sa mère, confiante qui, une fois encore, lui sauva la mise. « La philosophie est sans doute aussi une belle manière de soigner les hommes », dit-elle, dans un sourire.

Logeant dans une chambre de bonne prêtée par une tante parisienne, Paul s'installa en plein quartier latin, à deux pas de Saint-Germain des Près. À la Sorbonne, il rencontra Mathilde, inscrite en fac de psycho, et tomba définitivement amoureux de la jolie brune aux yeux bleus, originaire, comme lui, de Touraine. Ils ne se quittèrent plus.

Dans le temple de la pensée parisienne, l'époque n'était plus à Platon ou à Aristote, pas même à Kant, et surtout plus à ce sinistre grigou de Bergson dont *Les deux sources de la morale et de la religion* semblaient depuis longtemps taries. Les nouveaux maîtres s'appelaient Nietzsche, Marx, Freud, chacun y allant de sa pelletée de terre sur la tombe du défunt *Dieu, le Père Tout-Puissant*... Puis défilèrent Sartre, Heidegger, Michel Foucault et le fantasque Jacques Lacan dont Paul s'amusa à aller écouter quelques séminaires auxquels il ne comprit pas un traître mot !

Contrairement à ses condisciples sorbonnards, et malgré le rouleau compresseur du nihilisme alors en vogue dans les bistrots germanopratins, Paul ne rangea pas la foi de son enfance au rayon des obscurantismes et des illusions sans avenir. Il la laissa simplement s'endormir sur l'étagère du haut, celle où l'on range les livres cartonnés à jolies couvertures rouge et or de l'enfance.

Après avoir échoué deux fois à l'agrégation, il renonça à devenir professeur de philosophie. Grâce à un copain, il obtint un stage d'été à la rédaction locale de *La Nouvelle République*, à Tours où il se fit repérer et enquilla les intérims. Il devint le spécialiste des remplacements de congés maternité, ce qui lui valait de se faire régulièrement chambrer. « Tiens, te revoilà ! Encore enceinte ? » lui balançaient les collègues rigolards. Lorsque le responsable des pages Culture-Loisirs partit pour un congé sabbatique, Paul se pointa, du haut de ses vingt-trois ans, dans le bureau de rédacteur en chef et su le convaincre qu'il était l'homme de la situation. Son bagou, son très éventuel début de talent, sa licence de philosophie et surtout le montant plus que modeste des premiers émoluments dus à un jeune journaliste stagiaire achevèrent de décider le patron qui lui signa, séance tenante, un CDD de six mois.

Mathilde, qui préparait son concours de psychologue clinicienne et n'avait plus que quelques heures de cours hebdomadaires à la

Sorbonne, le rejoignit à Tours où ils s'installèrent dans un minuscule studio, sous les toits d'une vieille maison à colombage de la place Plume.

En fait de pages Culture-Loisirs, Paul s'occupait surtout des loisirs, c'est-à-dire exclusivement des programmes télé et cinéma, sans oublier le mot fléché hebdomadaire. Pas vraiment de quoi exercer sa plume… ni renouer avec Platon, Levinas ou Jankélévitch. Mais il se prit au jeu de cet étrange métier où la principale qualité requise est la curiosité. Naturellement curieux, il le devint professionnellement, usant fièrement de son nouveau sésame de journaliste pour entrer gratuitement où bon lui semblait, même si le plus souvent, il n'y avait pas d'article à la clef. Le week-end, il emmenait Mathilde – instituée officiellement photographe de presse – dans des expos, des concerts, au théâtre. L'appareil, qui n'était pas encore numérique, était le plus souvent vierge de toute pellicule. Ils riaient beaucoup, se cultivaient un peu et se payaient du bon temps sans débourser un centime ! Puis ils rentraient, complices, dans leur soupente microscopique.

Un lundi matin, dans le train qui l'emmenait vers Paris, Paul trouva sur une banquette un exemplaire du populaire hebdomadaire catholique auquel sa mère et sa grand-mère étaient abonnées depuis toujours. Son œil fut attiré par un encart annonçant le recrutement d'un reporter : « *Vous avez une première expérience dans la presse écrite, vous parlez anglais, vous êtes curieux, vous aimez voyager ? Vous partagez les convictions de notre journal ? Adressez-nous votre candidature.* » Paul rêvait de voyager, son anglais était épouvantable, son expérience de rubricard mince comme une feuille de papier à cigarette. Quant à ses convictions, son éducation « catholique, mais sans plus » ferait bien l'affaire. Il adressa son malingre CV à la direction du journal qui le convoqua, le cuisina sur ses études, ses orientations philosophiques, son parcours, son attachement au catholicisme et… sa situation conjugale, sur laquelle Paul maintint un voile pudique, en attendant de régulariser la situation par un mariage prévu au printemps suivant.

Trois semaines plus tard, il recevait confirmation de son embauche à l'essai pour un salaire anorexique qui lui parut le début de la fortune. Paul embrassa fougueusement Mathilde et lui demanda, les yeux dans les yeux, si elle était prête à retourner vivre à Paris pour assister à l'irrésistible ascension de son futur grand reporter de mari et à sa marche triomphale vers le prix Albert Londres ! La jeune femme ne se le fit pas dire deux fois et trouva à la rentrée suivante un poste dans un lycée de la proche banlieue. Ils abandonnèrent leur nid tourangeau pour retrouver, émus, le quartier latin, la chambre de bonne de la vieille tante et son lit étroit.

Six mois plus tard, le CDD était transformé en CDI. Paul et Mathilde sabrèrent le champagne avec l'unique bouteille sauvée de leur récent mariage, et songèrent à inviter leur premier enfant à les rejoindre.

Un an après avoir atterri dans la rédaction de l'hebdomadaire catholique, Paul s'envolait pour Le Caire où une religieuse au caractère bien trempé commençait à faire parler d'elle, après avoir décidé, contre l'avis de la supérieure de sa congrégation, d'aller vivre en plein cœur d'un immense bidonville de la banlieue cairote. Paul passa une semaine invraisemblable à courir après l'énergique religieuse qui ne tenait pas en place dans ses inénarrables baskets. Leur premier contact avait été détonnant. Paul, tout juste sorti de l'avion, avait mis plusieurs heures avant de trouver l'adresse improbable de la religieuse qui, pour tout accueil, lui avait collé dans les bras une bassine pleine de fripes : « Commence par étendre le linge ! »

À son retour, convaincu de tenir un joli scoop, il persuada son rédacteur en chef de lui donner les quatre pages d'ouverture du journal. Il rédigea fébrilement son reportage, se relevant plusieurs fois dans la nuit pour vérifier la tournure d'une phrase, changer un mot, revoir un intertitre et s'assurer qu'il n'avait rien oublié. À six heures du matin, n'y tenant plus, il réveilla Mathilde pour lui faire la lecture à haute voix de son premier grand reportage. D'abord ronchonne et endormie, elle l'écouta, l'encouragea, le félicita, l'embrassa, le caressa puis… Il arriva à la rédaction avec une bonne heure de retard !

Le « patron », qui se garda bien de le lui dire, était impressionné par le travail de sa jeune recrue et fit monter l'incroyable « bonne sœur » en couverture. Paul avait su trouver les mots pour raconter la détermination sans faille de cette religieuse qui, sur un coup de tête, à l'âge où d'autres prennent leur retraite, avait décidé de partager la vie de centaines de chiffonniers tentant de survivre sur une immense décharge d'ordures. Il avait brossé un portrait haut en couleur de la religieuse, sa blouse grise, son petit fichu au vent, son chapelet usé, son incroyable caractère, ses coups de gueule, ses fous rires, sa débrouillardise, sa roublardise et son phénoménal culot !

En couverture, l'hebdomadaire titra « La chiffonnière du Caire ». Paul frissonna lorsqu'il découvrit, en tête d'article, ces mots magiques : « Reportage exclusif. De notre envoyé spécial Paul Sardaigne ». Dans les jours qui suivirent la parution, Paul fut assailli de courrier. Les lecteurs étaient touchés par cette incroyable religieuse qui avait troqué le calme de son couvent contre une poubelle de plusieurs hectares à ciel ouvert.

Paul réussit ainsi son entrée dans le cercle fermé des grands reporters et prit quelques longueurs d'avance dans sa carrière. Il venait de gagner un billet *open* pour un tour du monde qui, pendant près de quinze ans, lui ouvrirait la porte sur des rencontres inoubliables.

De ce premier reportage, Paul garda une solide amitié avec sœur Emmanuelle. Un soir, dans la cabane du bidonville, la religieuse qui avait été professeur de philosophie pendant plus de trente ans raconta à Paul sa vocation, née sur une plage de Belgique où, petite fille, elle avait assisté impuissante à la noyade de son père. Ils parlèrent jusque tard dans la nuit, évoquèrent Pascal dont la religieuse ne cessait de lire les *Pensées*. Paul tomba sous le charme de cette sacrée bonne sœur libre, têtue, iconoclaste, drôle et véritable coqueluche des médias.

La veille du retour du journaliste vers Paris, elle lui proposa de prier. Un instant mal à l'aise avec cette effraction dans un jardin secret où il ne savait plus trop si Dieu avait encore sa place, Paul se laissa faire. Il y eut d'abord un long silence dont il avait perdu l'habitude mais qui creusa comme un écho en lui. Puis, à la lueur d'une bougie posée sur une caisse graisseuse, ils murmurèrent ensemble le *Magnificat* dont les paroles prirent une intensité particulière ce soir-là, dans la rumeur bruyante et les effluves pestilentiels de la grande ruche du bidonville : *« Il comble de bien les affamés, renvoie les riches les mains vides... »*

C'est sans doute ce soir-là que Paul commença à renouer avec la foi de son enfance. Où plutôt entra-t-il dans cette enfance de la foi qui, brûlant à feu doux les pieuses croyances enfantines, ouvre l'espace à la nouveauté absolue de la rencontre.

Plus tard, lorsqu'elle ferait escale à Paris, la chiffonnière garderait toujours un moment pour le couple qu'elle rejoignait dans l'appartement de la Butte-aux-Cailles où les enfants venaient affectueusement embrasser leur « troisième grand-mère » !

C'est en rentrant de ce premier grand reportage, que Paul sortit de son sommeil, sur l'étagère du haut de la bibliothèque, la petite bible oubliée.

– 15 –

Jean écoute Paul. Il est touché par les méandres de cette existence dans laquelle Dieu semble vouloir s'inviter. Ce Dieu à qui il a lui-même voué son existence, ce Dieu pour qui il est tardivement devenu prêtre, ce Dieu potier qu'évoque si poétiquement la Bible, ce Dieu qui semble avoir rivé Paul sur son tour, qui le bloque fermement entre ses mains calleuses, qui, de ses pognes rappeuses, est en train de tourner, broyer, malaxer la glèbe revêche de Paul jusqu'à temps qu'elle devienne sous ses doigts argile souple et docile.

Jean connaît l'âpre douceur, la tendre fermeté, la violence apaisante de ces mains-là, de ces doigts-là. Il en a ressenti, bien avant Paul, le ferme toucher sur la peau pourtant tannée de son âme, éprouvé jusqu'à la nausée le manège de ce tour-là.

En se racontant, comme il ne l'a sans doute jamais fait, Paul prend conscience du fil ténu qui relie les étapes de sa vie et lui donne sa cohérence mais il n'y voit pas encore l'empreinte du potier. Un jour, peut-être… *« Leurs yeux s'ouvrirent et ils le reconnurent. »*

En l'écoutant, l'ermite songe à sa propre vie dans le *slum* de Rio. Les rats, les menaces, les dénonciations, la chapelle incendiée, la tentative d'assassinat qui l'a finalement contraint à fuir, la violence aveugle mais ce paradoxal sentiment d'avoir été secrètement conduit au bon endroit, là où la vie sait vous murmurer un soir à la lueur d'une chandelle posée sur une caisse graisseuse au cœur d'un bidonville combien elle vaut d'être vécue.

Paul explique à Jean qu'après l'épisode du *Magnificat*, il n'est pas rentré croyant à Paris. L'ex-étudiant en philosophie se méfie des conversions subites. « Trop facile de confondre Dieu avec le besoin qu'on en a ! » Non, Paul n'a pas soudain rencontré l'Éternel dans l'improbable cahute de sœur

Emmanuelle, comme Claudel derrière son pilier de Notre-Dame. Tout au plus a-t-il laissé la question reprendre doucement en lui sa respiration. Il ne s'est pas autorisé à croire. Il a juste accepté de ruminer une hypothèse, d'ouvrir le champ à cette possibilité que peut-être le ciel ne soit pas vide.

À peine débarqué du Caire, Paul commence, dans la Bible de son enfance, par lire d'une traite et en une nuit l'évangile selon Jean. « *Au commencement était le Verbe et le Verbe était auprès de Dieu et le Verbe était Dieu (...) Tout fut par lui et sans lui rien ne fut.* » Puis il avale les trois autres récits, Luc, Marc et Matthieu. Il retrouve le goût pour cette dramaturgie biblique, ces miracles joyeux, ces paraboles goûteuses et ces paroles prophétiques, ces coups de sang du Christ contre les marchands du Temple et tous ces faux jetons qui cernent de leur haine rancie la femme adultère ; ces disciples fidèles et infidèles, humbles et cabochards, bavards et taiseux, flagorneurs et trouillards. Tellement humains. Mais chaque fois, Paul bute sur les dernières pages, cet improbable matin de Pâques, ce tombeau prétendument vide, cette apparition aux femmes éplorées, cette irrationalité poétique et mystique qu'il trouve belle mais suspecte.

Paul aima Jésus le prophète, mais il douta du Fils de Dieu.

– 16 –

Poussé par le succès de son reportage cairote, le journaliste profitera désormais sans vergogne de son métier pour aller poser la question, *sa* question à toutes les personnalités – artistes, écrivains, moines, musiciens, médecins, philosophes... – qui lui tombent sous le micro. Ses collègues le surnomment bientôt le « confesseur » ! Il devient le spécialiste incontesté des grands entretiens. Il se goinfre d'interviews, osant poser, sans avoir l'air d'y toucher, la question qui l'obsède. « Croyez-vous en Dieu ? Et si Dieu existe, pourquoi laisse-t-il mourir les enfants ? » Paul ne lâche pas ses interlocuteurs qui, mis en confiance, dévoilent leur quête, leurs interrogations, leurs doutes, leurs bricolages spirituels.

Paul ramène au journal des interviews baroques, mystiques et impudiques, dont l'audience ne cesse de croître. Une chaîne de télévision lui demande de mener, une fois par mois, en troisième partie de soirée, un *talk-show* philosophique et spirituel qui trouve son public de noctambules fidèles.

À chaque rencontre, le journaliste est étonné qu'on ne lui claque pas la porte au nez, qu'on prenne le temps de lui répondre, souvent longuement. Il aime ces interviews-confessions, sauf lorsqu'il a affaire à ceux qu'il appelle avec un brin de dédain « les professionnels de la religion » chez qui il ne sent pas cette touche d'inquiétude, cette pointe de doute, cette once de liberté, ce pas de côté hors des *credo* balisés qui dédouanent la foi des récitations dogmatiques.

Les personnalités sollicitées sont sans doute convaincues que Paul est lui-même croyant, que ses questions indiscrètes sont celles d'un homme habité par la foi. Mais Paul répugne à se livrer à cette confession publique qu'il attend des autres. Lorsque ses interlocuteurs tentent, une fois le magnétophone éteint, le scénario de l'arroseur arrosé, Paul s'en sort par une boutade : « La foi relève chez moi davantage du courant alternatif que du courant continu ! » Pirouette pudique qui cache une interrogation de plus en plus prégnante. Plus il avance, plus il doit s'avouer qu'il est travaillé par le désir de croire. Mais plus ce désir est fort, et plus il lui semble devoir être suspecté, critiqué, disséqué… En tout cas, purifié.

Avec Mathilde, dont la foi sereine est pour Paul une raison de plus de poursuivre son reportage intérieur, ils reprennent parfois le chemin de la messe, dont Paul sort le plus souvent avec un sentiment mitigé : cette façon qu'ont les prêtres de faire comme si Dieu était une évidence l'agace comme l'ennuie cette manière bavarde de célébrer une liturgie qui fait si peu place au silence. Paul préférerait s'approcher de la foi par des sentiers d'altitude, hors de tout balisage, en ligne directe avec le mystère, sans passer par la case Église.

Au fil des années, ses digues se font moins résistantes. Paul, qui a de moins en moins besoin de se cacher derrière sa carte de presse, a le don pour débusquer dans le recoin d'un cloître un vieux bénédictin ou une jeune carmélite qui lui offre une pièce supplémentaire pour son gigantesque puzzle métaphysique.

L'hypothèse change peu à peu de statut. D'improbable, l'existence de Dieu devient envisageable. « J'ai presque la foi ! » confie-t-il à Mathilde. Bien plus qu'une simple boutade, ce *presque* devient pour Paul la seule posture possible. Se dire croyant, c'est n'être, en vérité, que *presque* croyant. Le seul *credo* que Paul est en mesure de professer se réduit à ce paradoxe : « On n'a pas la foi, on ne la possède pas. Jamais ! Parfois, une fraction de seconde, c'est elle qui nous a. Peut-être ! » Tout est dans ce *peut-être* car, pour Paul, la pire des choses qui puisse arriver à Dieu, c'est que l'homme affirme sans sourciller l'absolue certitude de Son existence.

– 17 –

Jean a remis une bûche de fayard dans la cheminée. Le feu crépite. Paul s'est levé et marche de long en large dans l'unique pièce du habert au plafond noirci par la fumée. Il s'approche de la pierre de l'évier, boit l'eau claire et glacée à même le robinet et vient se rasseoir auprès de Jean. Fouillant dans sa mémoire, il poursuit, hésitant, son récit.

– Les ruisseaux souterrains de la spiritualité auraient peut-être pu continuer en moi leurs lents et patients travaux d'irrigation, s'il n'y avait eu, une après-midi de printemps, cette écharde soudainement sentie sous la peau de Mathilde. Lorsque, au vu des radios, IRM et autres bilans sanguins, les médecins ont confirmé le cancer – sans jamais prononcer le mot ! – j'ai su que Mathilde venait de s'effondrer. Aucun signe n'était pourtant visible, elle n'avait pas cillé. Ses mains ne tremblaient pas en reboutonnant son chemisier. Juste ce jeu nerveux avec son alliance. Au retour, dans la voiture, nous avons été incapables l'un et l'autre de prononcer le moindre mot. Seul le silence semblait pouvoir encore retarder le déferlement aveugle de la vague. Ce que nous venions d'entendre était tout simplement impossible, inaudible. On allait se réveiller, sortir de ce cauchemar. Arrivé au parking, j'ai arrêté le moteur et nous sommes restés de longues minutes prostrés dans l'ombre de la voiture. Lorsque j'ai enfin réussi à bouger la main restée crispée sur le levier de vitesse pour la poser sur celle, glacée, de Mathilde, ce fut comme… un hurlement silencieux. Elle a serré mes doigts à les briser puis elle a murmuré dans un cri presque imperceptible : « Les enfants ! Je veux avoir le temps d'élever les enfants ! »

Paul hésite. Ce qu'il va confier à Jean, il ne l'a jamais dit à personne, il ne l'a même jamais laissé monter jusqu'à sa propre conscience.

– Je n'ai pas su, je n'ai pas pu…

Les mots s'étranglent dans sa gorge sèche.

– En une fraction de seconde, j'ai été pris dans un effroyable étau.

Jean respecte le silence puis, avec une infinie délicatesse, ouvre la porte sur le gouffre.

– Tu n'as pas osé L'appeler au secours ? C'est bien cela que tu cherches à me dire ?

C'est une cataracte, un ouragan, un tsunami…

– Quoi ? Tu aurais voulu que je me jette à genoux en implorant le ciel de faire un miracle tonitruant en *direct live* ? Tu aurais voulu que je supplie le Grand Toubib Divin d'aller en douce bidouiller les éprouvettes et trafiquer les formules sanguines de Mathilde ? Qu'il change, rien que pour elle, les lois implacables et aveugles de la nature ? Qu'il laisse crever la femme du lit d'à côté, de la chambre d'à côté, de l'immeuble d'à côté, de la ville d'à côté mais pas ma douce Mathilde ? T'aurais voulu quoi, Jean ? que je me mette à croire comme un dévot confit qu'il suffit, dans les vapeurs d'encens, de s'user la voix et les doigts sur des grains de chapelet et de griller des cierges par dizaines de kilos pour arrêter la danse funèbre des métastases ? Mais en ce Dieu-là, Jean, tu ne crois pas une seconde, avoue-le ! Tu sais bien que la seule puissance dans laquelle ton fichu bon Dieu excelle, c'est sa totale impuissance à guérir qui que ce soit ! Non, Jean, pas toi ! Pas toi !

Le vieil ermite a mis le doigt sur un abcès qu'il faut maintenant vider.

– Tu vois, Paul, je crains que la prière ne soit jamais chimiquement pure. Il ne faut pas trop lui en vouloir à la prière, si, à certaines heures dramatiques de notre vie, elle flirte avec le paganisme le plus archaïque et sombre dans une crédulité de bigote arriérée. La prière est rarement divine, Paul. Elle est humaine, pauvrement humaine. Elle bricole, elle claudique, elle avance en se déhanchant, à reculons, elle bafouille, elle bavasse, elle radote, elle ratiocine, elle galèje, elle parle plus souvent des mains que du cœur, elle croit un peu, parfois, mais elle fait aussi le plus souvent semblant d'y croire. Elle baratine sans bien savoir s'il y a vraiment quelqu'un à l'autre bout du fil. C'est sa manière à elle d'avancer !

– Mais qui te parle de prier, Jean ? À la seconde même ou le verdict est tombé, j'en ai été incapable. Totalement, irrémédiablement incapable. Oh ! je sais ce que tu vas me dire : c'eut été normal, compréhensible, presque évident d'implorer le Locataire d'en haut de se bouger, de débouler d'urgence dans le labo de l'hôpital pour trouver le protocole qui empêcherait le crabe de venir bouffer le sein de Mathilde. Oui, Jean, si j'avais eu une once de cette foi superstitieuse et païenne, je l'aurais engueulé ton divin copain, je lui aurais passé un sacré savon, je lui aurais demandé de faire enfin son boulot de Dieu, de correspondre enfin à son super CV de puissance surnaturelle, d'assumer pour une fois, rien qu'une fois, son rôle de grand patron *du ciel et de la terre, de l'univers visible et invisible*, d'arrêter de se la couler douce, peinard, là-haut sur son trône ! Mais, vois-tu, Jean, j'ai su en sortant ce jour-là de l'hôpital que je n'arriverais pas à supplier ce Dieu-là, cette sorte de grand démiurge jupitérien qui aurait l'absolu pouvoir discrétionnaire de décider que la petite brunette, assise à gauche, près de la pile de journaux, dans la salle d'attente de la chimio, sauverait sa peau douce, alors que le petit Oscar, plongé dans sa BD, si craquant avec sa boule à zéro, ne passerait pas l'hiver ; parce que c'était ainsi, qu'il n'y avait pas d'explication, parce que « c'est un grand mystère », dirait ce jeune blanc-bec de vicaire lors des obsèques aux parents effondrés qui, devant le cercueil blanc, n'en auraient vraiment rien à foutre que leur fils soit « en partance pour le paradis… » ! Mais qu'en sait-il ce bougre de prêcheur ? Comment ose-t-il ? Oui, Jean, je l'avoue, *c'est ma faute, c'est ma très grande faute*, j'ai refusé d'implorer un Dieu qui ressemble à une gare de triage. À bien choisir, mieux vaut un ciel vide, qu'un paradis dirigé par un pervers joueur de loto !

Paul s'arrête. Il est en nage. Jean garde le silence en tisonnant les braises. Paul se racle une fois encore la gorge et achève en quelques mots son histoire.

En rentrant ce soir-là de l'hôpital, il avait lancé rageusement sa Bible sur l'étagère du haut. Retour à la case départ ! Le combat serait humain, rien qu'humain. Sa seule prière serait une prière d'homme. Paul cessa d'entrer dans les églises. Non pas qu'il fût en guerre contre le ciel mais parce que prier le ciel de sauver Mathilde, c'était prendre un risque impossible. Jouer une effroyable partie de dés, tenter un impossible coup de poker. Et si le ciel ne répondait pas ? Et s'il n'exauçait pas sa prière ? Et si ce Dieu en qui il avait lentement envisagé de commencer à peut-être croire décidait de se mettre aux abonnés absents ou d'aller à la pêche ? Et s'il avait autre chose à faire, d'autres chats à fouetter, que d'empêcher le cancer de bouffer l'amour de sa vie ? Et si sa sainte humeur divine l'amenait – caprice du ciel – à sauver, plutôt que Mathilde, la petite brunette de la salle d'attente de la chimio ?

Paul resta suspendu, au bord du vide.

Comment prier un *Sauveur* qui ne sauve pas toutes celles et tous ceux qui hurlent à son secours ?

Jolie question théologique.

Tragique et écœurante énigme !

– 18 –

La Sécu proposa de prendre en charge les taxis entre l'appartement et l'hôpital. Les toubibs avaient prescrit des séances de radiothérapie. Mathilde alla, cinq fois par semaine, se faire bombarder le sein à l'hosto. Paul refusa le taxi et accompagna sa femme en bidouillant son agenda avec la complicité discrète de son assistante. La salle d'attente devint son oratoire de mécréant où il déploya des trésors d'habileté pour ne pas laisser monter une obscurantiste prière de sa bouche. Il luttait comme un soldat dans sa tranchée : pas un *Notre Père*, pas un *Je vous salue Marie / maintenant et à l'heure de notre mort* ne devait franchir la ligne de démarcation de ses lèvres tremblantes.

Si Dieu existait, il n'avait rien à voir avec le cancer de Mathilde, il ne pouvait rien contre le cancer de Mathilde, il était impuissant, totalement impuissant. Le grand barbu viril de Michel Ange s'était définitivement fracassé la Sainte Face, cassé la divine gueule du plafond de la chapelle Sixtine. Il gisait à terre, sur le carreau. Comme un pantin désarticulé.

Paul qui, pendant ses cours du soir au Centre Sèvres, avait écouté un jésuite débonnaire l'initier au tragique livre de Job, ruminait les propos orageux du champion toutes catégories du malheur biblique : « *Si je vais vers l'Orient, il est absent ; vers l'Occident, je ne l'aperçois pas. Quand je le cherche au nord, il n'est pas discernable, il reste invisible si je me tourne au midi.* » Dieu brillait par son absence. Jamais là quand on a besoin de lui ! Dieu, c'était l'homme invisible, une chimère, un ectoplasme, bien moins efficace, bien plus aléatoire qu'un protocole de radiothérapie et qu'un savant cocktail de chimiothérapie.

Au boulot, Paul voulut rester discret. Mais la mauvaise nouvelle sur l'état de santé de sa femme ne mit pas trois jours à faire le tour de la rédaction. Seule la direction était officiellement dans la confidence. Elle compatit… un peu. Mais ne proposa pas d'aménagement de son emploi du temps.

Mathilde traversait un long tunnel. Paul aurait dû s'arrêter, oublier son fichu journal, poser un congé sans solde pour s'occuper d'elle, prendre du temps avec les enfants tétanisés par l'inquiétude, se reposer. Mais il sentit – ou voulu croire – que la direction redoutait qu'il en fasse la demande. On était en plein lancement d'une nouvelle formule de l'hebdomadaire. Il y avait des objectifs à tenir, des retours sur investissement à assurer, une concurrence à juguler, laissant bien peu de place à la variable humaine.

Paul se crut plus fort qu'il n'était, jongla – de plus en plus mal – avec un impossible agenda. Pendant les réunions, il avait la tête et le cœur ailleurs. Des collègues proposèrent leur aide, réalisant quelques interviews. Solidaires, ils s'organisèrent pour le seconder au mieux. Solenn, son assistante, filtra plus fermement les appels, mentit effrontément sur le supposé *surbooking* de son patron et lui évita un maximum de sollicitations. Mais Paul oubliait de plus en plus souvent des rendez-vous importants, des réunions stratégiques. Il arrivait en retard, la tête vide, mal rasé, les yeux hagards, au *briefing* du matin. Il voulut tenir, coûte que coûte, par fierté ; par entêtement ; par volonté de contrôler encore et toujours illusoirement sa satanée image ; aussi parce que bosser lui permettait de zapper pendant quelques heures le drame qui se jouait dans la coulisse familiale.

On bricola ainsi plusieurs mois. Le temps passa. Lent. Épuisant. Usant. Désespérant. Surtout désespérant. La petite famille retenait son souffle. Une si longue marche. Paul et Mathilde ne se lâchaient pas. Plus tard, ils se surprendraient à s'avouer qu'ils avaient vécu, pendant ces interminables mois de combat, l'une des pages les plus intenses de leur amour. Puis, au courrier, un matin, vinrent les premiers résultats, encourageants. Les marqueurs sanguins repassaient au vert.

Plus d'ombre suspecte à l'IRM. La maladie, prise à temps, était en passe d'être jugulée. Sans prière ni contrition, la rémission était enclenchée.

Lorsque Mathilde commença à aller mieux, Paul entra un soir dans l'église de son quartier, resta debout au fond, près du dernier rang et, balançant d'un pied sur l'autre, s'obligea à ne penser à rien. Il n'avait pas à remercier le ciel qui, finalement, n'y était pour rien puisqu'il ne lui avait rien demandé. Il sortit précipitamment.

La foi resta sur le haut de l'étagère.

– 19 –

Le couple osa de nouveau regarder l'avenir. Ils rêvèrent d'une jolie maison de vacances, un petit îlot de repos où il ferait bon accueillir les enfants et les amis. Un chalet était à vendre dans le parc naturel de Chartreuse. Ils cherchèrent sur la carte où se trouvait ce petit massif des Préalpes. Un week-end, ils prirent le TGV, louèrent une voiture et montèrent jusqu'à la maison. Un peu moche mais accueillante. Ce fut le coup de foudre, la vue était imprenable, la maison totalement paumée, en pleine nature, juste en dessous d'un petit cimetière envahi d'herbes folles où Paul remarqua qu'il n'y avait plus de place pour de nouvelles tombes.

Paul et Mathilde cassèrent leur tirelire, foncèrent à la banque et s'achetèrent à crédit le droit de faire à nouveau des projets. Le premier été fut euphorique, les enfants redécouvraient le goût de rire, leurs parents, celui de l'insouciance. La petite famille monta, bavarde et essoufflée, dès le premier jour d'août, découvrir le col de La Ruchère, sa prairie d'altitude, le Petit et le Grand Som et l'immense monastère en contrebas. Des amis vinrent les rejoindre. Les soirées furent joyeuses, délurées et plutôt bien arrosées. On fomenta déjà, en riant, le crime contre la vilaine Vierge de Lourdes en stuc.

À la rentrée, Mathilde retrouva son collège et ses ados acnéiques avec joie. Paul, quant à lui, marquait le pas, le dos voûté, les vertèbres coincées. Comment avait-il réussi à tenir tous ces mois écartelé entre la maladie de Mathilde, les enfants inquiets et son métier de dingue ? Il était épuisé mais refusa de le reconnaître. Il fallait assumer, tenir coûte que coûte, être fort. « Un homme, ça ne flanche pas », lui répétait à l'envi, lorsqu'il était enfant, son macho de père. Ne pas décevoir.

Paul finit par se dire qu'il était temps de changer d'air. Il chercha à rebondir dans l'entreprise. Un poste moins exposé où il aurait pu souffler. Mais on ne lui proposa rien de sérieux, rien qui lui aurait permis de franchir ce cap difficile la tête haute. Paul, de plus en plus fatigué, se demanda si l'heure du déclin n'était pas venue et cette question devint sans doute contagieuse. C'est lorsqu'on cesse de croire en soi que les autres perdent confiance en vous. Il crut lire dans le regard de ses collègues et de la direction, comme un doute.

Paul avait soif d'autre chose. Il adhérait de moins en moins à ce métier de journaliste, étrange vie par procuration, spectatrice de celle des autres.

C'est à ce moment-là que, de Rome, parvinrent quelques nouveaux signes de raidissement. Après un franc espoir, la guillotine doctrinale tombait une fois encore sur le cou des divorcés remariés. Paul était exaspéré. Il écrivit son édito au vitriol sur la reculade vaticane. On toussa en haut lieu. On commença de s'interroger dans les étages directoriaux. Sur sa lancée, Paul râla contre les atermoiements de l'Église oublieuse des grandes espérances du Concile que des théologiens patentés étaient chargés de « relire » pour mieux l'enterrer. Il milita pour une plus grande ouverture de l'Église aux femmes, pesta contre l'enlisement du dialogue œcuménique et l'incroyable faiblesse de Rome face au chantage des intégristes.

Il joua avec le feu. Sciemment.
Il fut brillant. Parfois.
Il agaça. De plus en plus.

– 20 –

La tempête ne se calme pas. Un épais brouillard, bientôt suivi d'un déluge de flocons cotonneux envahit la combe, en aval de la petite prairie de la Bourdoire, juste en dessous du Grand Som. La trace disparaît à vue d'œil, mais Paul sait se repérer. Il est encore temps de faire demi-tour. Temps de courir se mettre à l'abri chez Jean, au habert où il pourra passer la nuit. Temps d'échapper à la violence du froid polaire qui s'abat sur ses épaules.

Encore temps d'être lucide.

Mais Paul poursuit sa descente sous les arbres noirs sur les branches desquels d'énormes paquets de neige tanguent dangereusement. Il ne voit pas à trois mètres, s'oriente au jugé et finit, après une bonne heure à brasser dans la neige, par tomber sur la petite chapelle des cabanes. La porte de l'oratoire Notre-Dame de *Casalibus* est fermée, mais l'avant-toit offre un abri précaire.

Paul se recroqueville sur le seuil. Le vent lui mord le visage. Le habert, au-dessus de lui, est désormais à plus de deux heures d'une marche hasardeuse. Vers le bas, il faudrait presque autant de temps pour atteindre la vallée. Il est piégé. Il constate, effaré, combien ses pas dans ce déluge de janvier l'ont dangereusement mené au bord du vide, là où sa vie risque de basculer. Il songe au rebord de toit de son cauchemar et gueule dans le soir qui brutalement tombe, comme un fayard qu'un trop plein de neige déracine.

– 21 –

Une cloche sonne au loin. À nouveau l'Angélus, le troisième et dernier de la journée, celui qui, immédiatement suivi de l'office des complies, vient apposer son sceau sur la nuit. Dernières oraisons avant le grand silence monastique. Plus un mot jusqu'aux matines – dès vingt-trois heures pour ces oiseaux de nuit que sont les chartreux.

Paul se surprend à marmonner un *« Je vous salue Marie »*, qu'il achève dans un hoquet : *« Maintenant et à l'heure de notre mort »*...

Il ne s'épanche pas sur son propre sort. Mais il est soudain brisé, anéanti en réalisant que cette prière, et toutes les autres qu'il connaît depuis l'enfance, il a refusé de les murmurer pendant la maladie de Mathilde. Le vieux Jean a raison : Paul s'est emmuré dans le mutisme, incapable d'appeler au secours un Dieu dont il ne veut pas prendre le risque que, peut-être, il ne la sauve pas. Parce que Paul Sardaigne veut bien essayer de croire au ciel, mais pas au prix d'une abdication de la raison ! La foi, peut-être ; mais sans l'obscurantiste béquille de la superstition.

C'était ainsi depuis la nuit des temps. Dieu n'y pouvait rien. Malgré les processions, les pardons, les Fête-Dieu et toutes les rogations d'antan, il n'avait jamais empêché la grêle sur les vignes et sur les champs de blé mûris ; malgré les kilos de cierges consumés, il n'arrêtait pas le poison de la leucémie dans les veines de l'enfant ni la vague meurtrière sur les plages paradisiaques ; malgré l'écœurante fumée qui montait jusqu'à lui, il n'avait rien pu faire – absolument rien ! – contre les chaudières maléfiques de la Solution finale.

Oui, Dieu n'était pas ce Père tout-puissant, omnipotent et omniscient, sommé de protéger ses fils et ses filles en tous lieux et en toutes circonstances. Cette prétendue superpuissance divine n'existait pas, n'avait jamais existé ailleurs que dans l'imagination d'hommes et de femmes pressés de trouver un rayon de lumière dans le creuset de leurs existences bouleversées. Il fallait, par un vigoureux et salutaire sursaut d'athéisme – oui, d'athéisme ! – en pourchasser l'idée frelatée jusque dans les recoins les plus obscures de la conscience. Se désencombrer l'âme de toutes ces fausses images si peu divines et tellement humaines, arracher les oripeaux des croyances suspectes, dénuder Dieu de tous ses déguisements, briser, encore et encore, les idoles d'argile. C'était sans doute la seule manière de laisser un peu de place, en soi, au souffle de l'éternité, à la mince brise de l'Esprit. Dieu, s'il existait autrement que dans l'image que les hommes se forgeaient de lui depuis la nuit des temps, n'était qu'un Dieu désarmé, nu, fragile, un père éploré, incapable de sauver de la potence son propre fils agonisant sous les coups et les clous.

Mais si ce père-là ne pouvait pas empêcher l'ultime hurlement de la croix – « *Eli Eli lamma sabacthani* » –, s'il ne pouvait pas éteindre l'incendie dévorant de la maladie, peut-être pouvait-il, secrètement embusqué sous la peau des fragilités humaines, s'approcher des draps trempés de sueur du malade essoufflé, éponger un front brûlant et ruisselant de fièvre, caresser doucement une main crispée par la peur de l'agonie, prendre tendrement par l'épaule un couple dévoré d'inquiétude pendant l'interminable opération d'un fils renversé par un chauffard.

Oui, peut-être Dieu pouvait-il, le poitrail déchiré par l'épaisse sangle rivée aux pesanteurs terreuses de l'humanité, tirer en ahanant, un plein charroi de malheurs, de blessures et de cris.

Oui, peut-être Dieu avait-il sa manière à lui d'être Dieu, de faire son métier de Dieu, loin, très loin, des démonstrations de puissance et des fausses représentations tonitruantes dont l'homme l'affuble depuis des siècles et des siècles.

Sur la montagne de l'Horeb, le prophète Élie n'a reconnu son Dieu ni dans l'ouragan, ni dans le tremblement de terre, ni dans le feu, mais, dit la Bible au livre des Rois, dans le « *murmure d'une brise légère* »... Rien de plus qu'un souffle ténu, une « *voix de fin silence* ».

Oui, le ciel était vide, car il y a belle lurette que Dieu l'avait déserté pour venir habiter à la seule adresse où il se sent vraiment chez lui. Dieu n'est pas ailleurs que dans la salle d'attente de la chimio, à lire, complice et blagueur, une BD par-dessus l'épaule du petit Oscar.

Soudain, sous l'avant-toit de cette sinistre chapelle, Paul prend conscience du combat épuisant qu'il mène depuis des mois contre une part de lui-même. Il songe à cet étrange épisode biblique où Jacob lutte toute une nuit avec l'ange qui finit par lui déboîter la hanche et dont, pourtant, il réclame la bénédiction.

Depuis combien de sombres jours et de nuits obscures, l'existence de Paul claudiquait-elle ainsi ? Depuis combien de temps luttait-il contre cette part inconnue de lui-même qui ne voulait pas le lâcher ? Il aurait aimé croire sans abdiquer, affublait Dieu de tous les mauvais masques pour mieux lui résister. La nuit avait été longue, si longue. Près de trois ans à affronter celui qui, en lui, ne voulait pas crier vers le ciel : « *Dieu, viens à mon aide, Seigneur, viens vite à mon secours !* »

– 22 –

Le froid lui transperce la peau, ses vieilles chaussures de montagne, qui l'ont accompagné fidèlement sur presque tous les sommets de Chartreuse, sont trempées, son pantalon à tordre. Il n'a dans son sac aucun vêtement de rechange et sait l'absence de réseau téléphonique dans cette zone de *désert* qui protège les chartreux des hordes bruyantes et mécréantes de touristes, ignorants tout de ce qui se joue dans le silence et la solitude, derrière les hauts murs de clôture du monastère. Paul pense à Mathilde : elle va s'inquiéter lorsqu'il ne répondra pas, comme chaque soir, au téléphone.

La neige et le vent cessent, laissant place à un silence effarant. Paul se relève, hésite encore à remonter vers le habert. Une folie. Rebrousser chemin, ce serait prendre le risque de se perdre à coup sûr dans l'immensité glacée. Paul regarde la porte ajourée de la chapelle. Hésite, puis, saisi d'une incoercible rage, prend du recul et donne un violent coup de pieds dans le battant de chêne ouvragé. La serrure couine, mais résiste. À bout de nerfs, rassemblant le peu d'énergie qui lui reste, Paul redonne un coup violent qui lui arrache un juron. La porte cède. Ou plutôt la serrure qui gît sur le sol. Paul entre et referme la porte sur le crépuscule polaire. La chapelle est vide. Glaciale. Pas de meuble, pas de chaise. Juste de longs bancs contre les murs latéraux dégoulinant de salpêtre. Au-dessus de l'autel, un Christ en croix planté sur un globe terrestre.

« Décidément, me voilà abonné aux églises ! » bougonne Paul en fourrageant dans son sac, d'où il sort les barres de céréales qu'il a toujours avec lui, en cas de coup de pompe, et les engloutit d'une bouchée. Il est affamé. Il boit le peu d'eau qui reste dans sa gourde. Puis met la main sur la couverture de survie qu'il trimbale depuis des années au cas où. Pliée, elle n'est pas plus grande qu'une grosse boite d'allumettes. Dépliée, elle a la taille d'un sac de couchage. Quelques millimètres d'une matière *high-tech* qui ressemble à du papier d'aluminium et qui protège efficacement du froid extérieur en emmagasinant la chaleur du corps. Ses fils se sont gentiment fichus de lui lorsqu'il l'a achetée un samedi après-midi au Vieux Campeur, à Paris. « Alors, papa, tu pars faire l'Everest ? » Le cœur de Paul se serre.

Il enlève ses chaussures, se masse les pieds et se glisse dans la couverture en s'allongeant sur un banc, le sac à dos sous la nuque. Il demeure de longues minutes prostré dans une demi-conscience et finit par s'endormir d'un sommeil agité.

– 23 –

Il se réveille, regarde sa montre, il n'est que vingt-trois heures. Une pensée lui donne du courage : c'est l'heure où les chartreux se lèvent pour rejoindre, par l'immense cloître, les stalles de leur église pour entreprendre le grand œuvre d'une interminable liturgie. Quittant leurs ermitages, les solitaires se font nuitamment solidaires, discrets frères d'humanité, mystérieusement proches de ceux qui dorment et de ceux qui ne dorment pas, des malades sur leur lit d'hôpital, des taulards dans leur cellule si peu monastique, des chômeurs en fin de droit, des femmes qui accouchent, des couples qui s'aiment et de ceux qui ne s'aiment plus, des vieillards rendant leur dernier souffle, des alcoolos qui titubent en rentrant de leurs virées et des enfants rêveurs… Engoncés dans leurs épaisses et rêches coules de laine blanche, ils s'installent, tels des vigies, le corps appuyé sur les *miséricordes* – ces minuscules tablettes de bois qui permettent aux moines de rester presque debout pendant les longues heures d'office. Le corps, autant que l'âme, a besoin d'étai lorsqu'il entreprend de s'approcher, à pas comptés, de l'Éternel. Devant Dieu, l'homme ne peut se tenir, au mieux, que *presque* debout.

Bientôt, ils vont ouvrir les grands antiphonaires posés sur les lutrins de chêne, dans lesquels ils déchiffreront les quatre lignes musicales d'une mélopée austère et monocorde. Plus de deux heures de liturgie, à enquiller dans la nuit et le froid, matines et laudes.

Paul se réconforte en pensant qu'à quelques encablures, des hommes ne dorment pas et tentent, comme lui, de repousser la noirceur de la nuit.

Dans un angle de la chapelle, une sorte de *menorah* en bronze accueille sept cierges à moitié brûlés. Il fouille encore dans son sac, trouve un briquet et allume les sept chandelles. Il songe à Bruno venu avec ses six compagnons s'enfouir ici un jour de juin 1084. La veille de leur arrivée, Hugues, jeune évêque de Grenoble, a fait un rêve étrange et prémonitoire : sept étoiles lui apparaissent qu'il guide au fin fond de ce désert de Chartreuse au plus épais, au plus inextricable de la forêt. Les deux chapelles, Saint-Bruno la plus ancienne, juchée sur son promontoire à l'emplacement, sans doute, de la toute première église cartusienne et *Casalibus*, bâtit plus récemment, au XVIe siècle – où il s'est réfugié – témoignent de cette fondation. Dans l'ultime recoin de la vallée jonché d'énormes blocs de pierre d'avalanche, les lieux gardent mémoire des quelques cabanes où des solitaires, mi-sages, mi-fous, sont venus enraciner leur frêle existence pour tenter d'apprivoiser l'invisible.

« Presque tous les secrets les plus élevés et les plus profonds ont été révélés aux serviteurs de Dieu loin du tumulte des foules, alors qu'ils se trouvaient seuls. » Paul se souvient avoir lu cet extrait des Coutumes, la règle des Chartreux, dans une brochure à l'entrée de la Correrie, cet ancien logement des frères convers, en contrebas du monastère, transformé en musée.

Les flammes minces et tremblotantes sur le chandelier lui donnent l'illusion d'un peu de chaleur. Il remarque un imposant coffre-banc sur le côté, en arrière de l'autel, qui doit sans doute servir de siège au célébrant. La messe n'est célébrée qu'une fois l'an dans cette chapelle, en juin, à la mémoire des sept sentinelles venues tisser ici leurs secrets dialogues avec le Grand Silence. Paul soulève le couvercle et trouve, parmi les toiles d'araignées et la poussière, un lectionnaire passablement fatigué, une étole moisie et un petit livre aux pages écornées : *Amour et silence,* écrit anonymement par un chartreux. Il a acheté le même bouquin, un été, à la libraire du musée mais ne l'a jamais lu. Parfois, avec patience un livre nous attend… Il l'ouvre au hasard, tandis qu'au loin, dans l'église blottie sous le Grand Som, le chœur rugueux des moines commence sa lente montée vers le point du jour.

Dans la pénombre, il déchiffre péniblement : « Si nous jetons un regard sincère sur le passé de notre vie spirituelle, nous sommes étonnés – accablés peut-être – de la lenteur ou de la nullité de nos progrès. »

– 24 –

À nouveau, Paul se souvient de l'âpre joute, le matin même, avec Jean. Juste avant d'aller, par entêtement imbécile, se perdre dans l'ouragan de neige.

– Je n'ai plus le goût de chercher Dieu.

Son vieil ami se marre ouvertement et lui répond, tout à trac :

– Excellente nouvelle !

– Quoi ?

– Voici donc notre rédacteur en chef…

– *Ex*-rédacteur en chef.

– Si tu veux. Voici donc notre *ex*-rédacteur en chef incapable de faire lui-même le sommaire du journal de sa vie ! Incapable de choisir par lui-même ce qui, dans son existence, montera en Une ! Je dis : bonne nouvelle, et j'applaudis des deux mains. Vois-tu, mon cher Paul, tu es en train de découvrir qu'à la différence de ton fichu canard, tu ne peux pas tout maîtriser dans ta vie : la santé de ta femme, ton job, ta vie spirituelle… Voici que Dieu lui-même t'échappe, et semble – un comble ! – ne pas vouloir répondre à ta pressante demande d'interview. La belle affaire ! Le brillant journaliste découvre, à cinquante piges, cette réalité que je te soupçonne d'avoir oubliée dans le petit confort de ta vie parisienne à succès : nous sommes fragiles, nous autres les humains ! Eh, oui Paul, frêles, mal assurés, chancelants, toujours dans un précaire équilibre, funambules tout à la fois farauds et brinquebalants. L'impuissance que tu reproches à Dieu, mais c'est d'abord la tienne, Paul ! Cesse donc de te croire plus fort que tu n'es. La fragilité n'est pas une tare, c'est la preuve que nous sommes vivants ! Renonce à vouloir tout contrôler, arrête de jouer le bon petit soldat, le journaliste, l'époux, le père parfait. Arrête de patauger dans les ornières de ta culpabilité !

– Moi, coupable ? Tu rigoles !

La surchauffe grimpe encore d'un cran entre les deux hommes. Paul n'en revient pas de se faire ainsi houspiller par le vieux Jean, d'habitude si doux et mesuré.

– Non, Paul, je ne plaisante pas. Tu t'en veux. Tu passes le plus clair de ton temps à t'en vouloir. Tu t'en veux de réussir. Tu t'en veux parce que ton job te bouffe et que tu ne passes assez de temps avec ta femme et tes enfants. Tu t'en veux d'ouvrir ta grande gueule face aux incohérences d'une Église coincée dans ses conservatismes. Tu t'en veux d'avoir le courage de dire tout haut ce que tant de chrétiens pensent tout bas. Tu t'en veux parce que tu te fais virer après trente ans de bons et loyaux services. Tu t'en veux parce que *superman* ne peut pas empêcher la maladie de Mathilde. Tu t'en veux parce que tu es incapable de supplier le ciel de la guérir. Tu t'en veux de ne pas croire – et tu as fichtrement raison – à cette image de pacotille d'un Dieu omnipotent qui pourrait, d'un simple claquement de doigts, abolir, comme par magie, le cancer et les tsunamis, les métastases et les génocides. Ça suffit Paul. Quand donc vas-tu cesser ce méchant réquisitoire contre toi-même ? À quand la levée d'écrou ?

Jean tousse, boit une gorgée brûlante de chicorée, soupire et pose la main sur celle, crispée, de Paul.

– Pardonne-moi, Paul, de te secouer ainsi, mais tu files un bien mauvais coton. La question n'est pas de savoir si tu as, ou non, encore le goût de chercher Dieu. La foi ne dépend pas de notre faim de Lui, mais de Sa faim à Lui, de nous ! Et cette faim-là, Paul, je t'en fiche mon billet, est insatiable, inextinguible. Une énorme fringale, un gargantuesque appétit jamais repu. La seule question qui vaille, Paul, consiste à savoir si tu vas enfin accepter que Lui te cherche. Non pas ta volonté, ton désir, ton goût, ton besoin de Lui, Paul, mais Sa volonté à Lui, Sa faim à Lui, Son désir à Lui ! Ce que tu es en train de vivre est infiniment douloureux, crois bien que j'en ai conscience. Un jour, je te raconterai, je suis aussi passé par là dans la crasse innommable de mon bidonville de Rio. Je la connais cette lancinante nausée, cette brisure du cœur, ce coup de poing à l'âme qui te coupe le souffle et te jette à terre sans merci. C'est un peu comme si Dieu ébréchait notre *ego* en faisant la vaisselle de notre âme, en passant un bon coup de paille de fer sur ce moi narcissique construit, strate après strate, depuis notre plus tendre enfance. Vois-tu Paul, je crois que tu commences à découvrir que Dieu n'entre en nous que par nos blessures. Il lui faut trouver une faille pour se glisser en nous, comme un voleur. La foi n'est rien d'autre que cette douloureuse effraction de l'éternité qui nous arrache des larmes. Tant que nous portons beau notre fichu *ego*, notre cher petit moi gonflé de certitudes, elle reste à la porte, l'éternité, elle piétine sur le paillasson. Tu vois Paul, si j'osais – mais je crains de te faire à nouveau sortir de tes gonds – je te dirais bien que ce dont tu as le plus urgemment besoin c'est d'un… *sauveur*. Oui, Paul, tu m'as bien entendu : pardon pour ce jargon de curé qui empeste la naphtaline et les relents de sacristie. Un sauveur, quelqu'un de fort, qui te tende la main. Parce que tu oses enfin le lui demander !

Tu connais la parabole : les disciples sont dans la barque, en pleine tempête et Jésus joue les fantômes et les rejoint en marchand sur les eaux. Ils sont tous effarés, bouffés par la trouille. Mais Pierre fait le fanfaron. « Même pas peur ! » Il roule des mécaniques, il flagorne, il joue les matamores le premier pape de l'histoire. Alors, sans réfléchir, il sort de la barque, – « vous allez voir ce que vous allez voir ! » – marche un instant sur les eaux et… ça marche ! T'imagine ? Il est fier comme un coq, il la ramène, il se gonfle le jabot ; pour un peu il s'imagine déjà en couverture de ton canard, pourquoi pas même invité du journal de vingt heures ! Et puis tout à coup il s'enfonce, le bougre, il sombre, il coule, il en a jusqu'aux genoux, jusqu'à la ceinture, bientôt jusqu'au menton. Pierre est en plein *remake* du Titanic. Il va boire la tasse. Alors, il ne fait plus le fier, il rabat son fichu caquet et crie enfin : « Seigneur, sauve-moi ! » Et l'autre lui tend une main vigoureuse et l'attrape par le paletot. Et tu sais pourquoi il s'enfonce, ce con d'apôtre ? Parce que, au lieu de continuer à regarder le Christ, il regarde… ses pieds ! Il se regarde, il s'écoute, il patauge dans sa propre trouille, il se laisse engloutir, noyer dans sa propre angoisse. Alors seulement il commence à douter. Alors enfin il découvre, hébété, qu'il ne peut pas s'en sortir tout seul, qu'il lui faut de l'aide de toute urgence, qu'il a besoin d'un autre pour marcher sur les eaux tumultueuses de sa propre vie.

Crois-en l'expérience d'un vieux montagnard, mon cher Paul : on est toujours trahi par les pieds !

– 25 –

La colère de Paul s'est évaporée. Il sait que l'ermite l'a secoué par amitié. À l'heure qu'il est, constatant le temps de chien qui s'abat sur le massif, le vieil homme doit se faire un sang d'encre, tournant en rond dans la pièce basse du habert.

Dans l'église de la Grande Chartreuse, là-bas à l'orée de la forêt, les moines doivent amorcer le dernier virage entre matines et laudes. Encore quelques dizaines de psaumes à ruminer dans la torpeur glacée.

Paul replonge le nez dans les pages jaunies et marbrées de moisissures d' *Amour et silence* : « La foi est un guide sévère… Elle ignore les concessions et les calculs. »

– Merci, j'avais compris !

Il envoie valdinguer le bouquin à l'autre bout de la chapelle. Il n'est qu'une heure du matin. Certaines des sept bougies commencent à s'essouffler. Comme la patience de Paul.

Il se souvient de sa dernière rencontre avec sœur Emmanuelle, quelques semaines avant sa mort à quatre-vingt-dix-neuf ans. Il avait filé à Callian, sur les hauteurs du pays varois où la religieuse déroulait à petit pas le dernier écheveau de son incroyable existence. Il fallait absolument qu'il la revoit. Il l'avait appelée. « Viens, je t'attends ! » lui avait-elle répondu sans hésiter. Dans la petite chambre aux volets mi-clos, elle avait souri en le voyant arriver. Ils s'étaient croisés si souvent qu'ils en étaient devenus complices. Paul s'était assis au plus près, prenant dans ses paumes, les vieilles mains noueuses et tavelées. Après un silence, il lui avait doucement demandé de ses nouvelles.

– Je suis comme un poussin sans plume. Avant j'avais des plumes, je voulais avoir plein de plumes, il m'arrivait même de me gonfler le plumage. Cela m'allait plutôt bien d'être sœur Emmanuelle. La notoriété, le succès. Ah, la belle affaire ! Aujourd'hui je suis déplumée, dénudée. C'est merveilleux ! Il m'aura fallu une vie entière pour découvrir une vérité : Dieu nous aime à la mesure de notre pauvreté

– La fragilité est un chemin vers Dieu ?

– Il faut nous « désarmer », disait le patriarche Athénagoras.

Paul se rappelle des derniers instants dans la minuscule cellule de la religieuse. Elle lui a demandé de la porter sur son lit. Il est surpris par l'extrême légèreté de ce corps décharné. Une plume.

Avant de le pousser dehors – « File, tu vas rater ton avion ! » – elle lui refait le coup de la prière. Comme si elle cherchait à déloger, une fois encore, la petite Bible du haut de son étagère poussiéreuse.

Elle lui fait réciter… le chapelet. Lui, le chapelet !

Il n'y a qu'elle.

– 26 –

Un paquet de neige glisse du toit. Paul sursaute. Il risque un œil par l'entrebâillement de la porte. Une bouffée d'air glacé achève de le réveiller. La nuit lui semble moins noire. Les étoiles disparaissent une à une. Le jour ne tardera pas.

Encore deux petites heures, tout au plus, et il pourra descendre, sans trop de difficultés, vers le monastère. Il dépassera la porterie, laissera sur la gauche la minuscule et presque souterraine chapelle de la Résurrection – la seule ouverte au public – longera les hauts murs de clôture, passera à proximité de l'ancienne distillerie, dépassera les écuries désaffectées, puis s'engagera dans la longue allée bordée de platanes. En se retournant, il apercevra peut-être, sous le Grand Som, à la proue de la Grande Chartreuse, une faible lueur à la fenêtre de la cellule du Révérend

Père général, discret capitaine de ce grand vaisseau de silence auprès de qui Paul a longtemps espéré décrocher le scoop d'une improbable interview.

Il referme la porte. Bientôt il pourra quitter son refuge. Il fera escale au musée de la Correrie, désert en cette saison, où il retrouvera un peu de réseau pour appeler Mathilde. Il tentera de la convaincre de le rejoindre pour le week-end. Au téléphone, elle sera surprise par le ton plus clair de sa voix. Il lui racontera, à demi-mots, la tempête de neige, la nuit de patachon qu'il vient de passer. Avouera, goguenard, son forfait : le coup de pied dans l'antique porte, la serrure brisée de la chapelle et le bivouac improvisé dans l'oratoire des cabanes.

Mathilde se demandera si son mari n'a pas un peu perdu la tête à force de rester seul dans ses montagnes. Deux jours plus tard, en le serrant dans ses bras, elle se rassurera. Amaigri, le visage émacié et la barbe broussailleuse, Paul aura comme une lueur nouvelle dans le regard.

Alors Mathilde comprendra qu'aidé par le vieux Jean et cette étrange escale en Chartreuse, Paul s'est doucement relevé, remis en marche. Comme elle l'a fait elle-même, quelques mois plus tôt, jour après jour, nuit après nuit, à la suite de multiples et tempétueux séjours à l'hôpital. « Pour le meilleur et pour le pire », avait lancé dans un clin d'œil le curé, le jour de leur mariage.

Paul frissonne. Il a faim et furieusement mal au dos. Son corps est secoué de tremblements. Il est transi, sans doute en train d'attraper une crève phénoménale. Son regard se fixe sur les morceaux de serrure qui gisent sur le carrelage. « Étrange effraction ! » murmure-t-il.

– Si on m'avait dit qu'un jour j'entrerais chez Toi à grand coup de pompes dans la porte !

Il va poursuivre lorsque, piqué au vif, il prend brusquement conscience que, pour la première fois au cours de cette interminable nuit, il vient de… *Lui* parler.

Comme si, pour la première fois depuis de longs mois, un verrou venait de sauter, ouvrant timidement la porte intérieure sur un possible dialogue avec ce Dieu inconnu en qui il n'est pourtant pas sûr de vouloir croire.

Interloqué par ce lapsus spirituel, il reste prostré de longues minutes, se racle la gorge et se frotte les doigts engourdis.

« Vous transmettrez mes excuses aux chartreux et, surtout, surtout… vous les remercierez ! » lancerait-il tout à l'heure au gardien médusé de la Correrie, en le priant de lui envoyer la facture pour la réparation de la serrure. Il verrait bien que l'autre ne le croirait pas et le prendrait pour un doux dingue.

« Vous n'avez pas dormi là ? »

Il en rirait de bon cœur en descendant jusqu'à la route qui serpente le long des eaux grises du Guiers.

☆

Paul lance un dernier regard circulaire à la chapelle où l'une des sept chandelles tremblote encore sur le candélabre. Il fait quelques pas pour se dégourdir les jambes, caresse la pierre blanche de l'autel. Puis se cale à nouveau sur son banc. Il enfonce son bonnet jusqu'aux oreilles, s'enfouit sous la couverture et jette un œil en direction de la croix plantée sur son globe terrestre.

Stat crux dum volvitur orbis…

Il attend l'aube.
Au loin une cloche tinte.
Le silence l'enveloppe.
Une paix nouvelle l'envahit.

Il réentend la vieille religieuse lui murmurer : « Dieu nous aime à la mesure de notre pauvreté. »

– ÉPILOGUE –

Paul marchait à grandes enjambées dans la foule pressée de la rue de Rennes. Son regard fut attiré par la devanture du kiosque à journaux. Il s'arrêta, lu le gros titre de l'hebdomadaire et éclata d'un rire sonore face aux passants médusés.

« ENFIN ! » titrait la Une, sous la photo plein cadre du nouveau pape argentin.

Paul courut et attrapa le bus de justesse.

En Chartreuse, février 2014.

Du même auteur

Conversations spirituelles, tome II, préface de Patrick Poivre d'Arvor, Médiaspaul, 2014.

Conversations spirituelles, tome I, préface d'Éric-Emmanuel Schmitt, Médiaspaul, 2012.

Croire ou ne pas croire, tome III, préface de Patrick de Carolis, Bayard, 2003.

Croire ou ne pas croire, tome II, préface de Sylvie Germain, Bayard, 2000.

Croire ou ne pas croire, tome I, préface de Bruno Frappat, Bayard, 1998.

Et Dieu dans tout ça ?, préface de Jacques Chancel, Bayard, 1996.

Ils parlent de Dieu, Desclée de Brouwer, 1993.

L'Évangile du poète, Centurion, 1990.

Composition et mise en pages
Nord Compo à Villeneuve-d'Ascq

Imprimé en France
par Corlet Imprimeur S.A.

N° d'éditeur : 16039
N° d'imprimeur : 166450
Achevé d'imprimer : août 2014
Dépôt légal : septembre 2014